U-CAN ユーキャン の

製作・造形 ミニ百科

くまがいゆか 著

もくじ

- 3歳児 1年間の製作カレンダー ･･･ 4
- 4歳児 1年間の製作カレンダー ･･･ 6
- 5歳児 1年間の製作カレンダー ･･･ 8
- ページの見方 ･･･ 10
- 絵の具について ･･･ 11

1章 描く・塗る

- フィンガーペイント ･･･ 16
- 綿棒で描く ･･･ 22
- 筆で描く ･･･ 26
- 歯ブラシで描く ･･･ 30
- 割りばしペン ･･･ 34
- はじき絵 ･･･ 38
- スクラッチ ･･･ 44
- スポンジグラデーション ･･ 48
- コラム 自画像 ･･･ 52

2章 写す・押す

- デカルコマニー ･･･ 58
- タンポ ･･･ 62
- スタンプ ･･･ 68
- こすり出し ･･･ 76
- スチレン版画 ･･･ 82

3章 染める・にじませる

たたみ染め ······· 88
マーブリング ······ 92
にじみ絵 ········ 96

たくさん切る ······ 104
切り紙 ········· 110
紙のコラージュ ····· 114
紙以外のコラージュ ·· 120

4章 切る・貼る

5章 立体物を作る

紙を折る・丸める ··· 128
紙をもむ ········ 134

色つき粘土 ······· 140
紙粘土 ·········· 144
つなげる ········ 150
回転させる ······· 156

| 4月 | 5月 | 6月 |

⇒フィンガーペイント
P.19

⇒にじみ絵
P.98

⇒フィンガーペイント
P.18

⇒綿棒で描く
P.24

⇒タンポ
P.66

⇒にじみ絵
P.100

1年間の 3歳児 製作カレンダー

⇒フィンガーペイント
P.21

⇒紙粘土
P.146

⇒タンポ
P.66

⇒はじき絵
P.40

⇒たくさん切る
P.109

⇒紙のコラージュ
P.118

| 10月 | 11月 | 12月 |

7月	8月	9月

⇒タンポ
P.64

⇒はじき絵
P.40

⇒フィンガーペイント
P.20

⇒フィンガーペイント
P.18

⇒綿棒で描く
P.25

⇒たくさん切る
P.106

季節感や子どもの発達に応じた作品の組み合わせ方の例を紹介します。
3歳児は、製作活動に慣れ親しむために、シンプルな技法を繰り返しましょう。

※取り組み方の一例です。子どものようすを見ながら、作品を選びましょう。

⇒タンポ
P.65

⇒紙以外のコラージュ
P.125

⇒スタンプ
P.75

⇒色つき粘土
P.142

⇒紙を折る・丸める
P.133

⇒スタンプ
P.70

1月	2月	3月

4月	5月	6月

⇒デカルコマニー
P.60

⇒スクラッチ
P.47

⇒スタンプ
P.72

⇒たくさん切る
P.107

⇒紙のコラージュ
P.119

⇒はじき絵
P.41

1年間の 4歳児 製作カレンダー

⇒紙をもむ
P.136

⇒歯ブラシで描く
P.32

⇒紙のコラージュ
P.117

⇒デカルコマニー
P.60

⇒にじみ絵
P.99

⇒スクラッチ
P.46

10月	11月	12月

| 7月 | 8月 | 9月 |

⇒スポンジグラデーション
P.51

⇒綿棒で描く
P.24

⇒タンポ
P.64

⇒たくさん切る
P.108

⇒スタンプ
P.71

⇒紙以外のコラージュ
P.124

手先が器用になるのに伴って、製作への関心が高まる4歳児。
発達段階に応じた援助をしながら、新しい技法に挑戦しましょう。

※取り組み方の一例です。子どものようすを見ながら、作品を選びましょう。

⇒タンポ
P.67

⇒紙粘土
P.148

⇒スタンプ
P.74

⇒つなげる
P.152

⇒マーブリング
P.94

⇒たたみ染め
P.91

| 1月 | 2月 | 3月 |

4月	5月	6月

⇒スポンジグラデーション
P.50

⇒こすり出し
P.80

⇒筆で描く
P.28

⇒紙をもむ
P.137

⇒はじき絵
P.43

⇒にじみ絵
P.101

1年間の 5歳児 製作カレンダー

⇒紙をもむ
P.139

⇒切り紙
P.113

⇒紙以外のコラージュ
P.123

⇒紙を折る・丸める
P.130

⇒スタンプ
P.73

⇒色つき粘土
P.143

10月	11月	12月

| 7月 | 8月 | 9月 |

⇒歯ブラシで描く　　⇒スタンプ　　⇒スタンプ
P.33　　P.74　　P.71

⇒たたみ染め　　⇒つなげる　　⇒紙を折る・丸める
P.90　　P.154　　P.132

挑戦する意欲いっぱいの5歳児には、表現の幅を広げられるよう、さまざまな技法を取り入れて活動しましょう。

※取り組み方の一例です。子どものようすを見ながら、作品を選びましょう。

⇒スチレン版画　　⇒割りばしペン　　⇒スクラッチ
P.84　　P.37　　P.46

⇒筆で描く　　⇒つなげる　　⇒紙粘土
P.29　　P.153　　P.147

| 1月 | 2月 | 3月 |

ページの見方

技法のポイント
その技法を通じて子どもが楽しめる点や技法の特徴についての紹介です。

製作のコツ
製作前の下準備についてやアレンジのアイデアなどを紹介しています。

ことばかけ例
シーン別に、子どもにわかりやすく作り方を伝えるセリフの例です。

こすり出し

技法のポイント
- ★ 描画では得られないユニークな表現ができる
- ★ クレヨンを寝かせて行うので、手先をコントロールする練習になる

用意するもの 薄い紙／クレヨン〈紙を取ったもの〉／テープ／こするもの（エアパッキン、片段ボール、リボンなどの表面が均一な高さにでこぼこしているもの）

❖ 製作のコツ ❖
- クレヨンの汚れがひどい場合は、ティッシュなどで汚れをふき取ってから使う。
- クレヨンは、折れたりカバーがなくなったりしたものをストックしておく。
- いろいろなものをこすり出した紙をためておくと、コラージュの材料になる。

ことばかけ例
こすり出すときに…
「クレヨンを横に寝かせて、フルトーザーみたいに押して塗るよ」

こすり出すときに…
「どんなものをこすったのか、友だちと当てっこしてみよう」

1. 薄い紙を当てる
注意点
でこぼこが激しすぎるとこすりにくいので、なるべく平らなものを選びましょう。

でこぼこしているものの上からコピー用紙のように薄い紙を当てます。でこぼこした壁紙や床などに紙を当ててもよいです。

2. クレヨンを寝かせてこする
注意点
クレヨンでこするときに紙がずれる場合は、紙テープで固定しましょう。

クレヨンを横に寝かせて持ち、紙に押しつけながらこすると、下に置いたものの形が出てきます。途中でクレヨンの色をかえても楽しめます。

用意するもの
必要な材料や道具についてです（展開例では共通のものは掲載していません）。

技法の手順
写真でわかりやすく技法のプロセスを掲載しています。

注意点
作りやすくするためのポイントや、気をつけたい点です。

材料 **道具**

展開例で必要なものです。事前準備や保育者だけが使うものは（　）で説明しています。

対象年齢

対象年齢のめやすを表示しています。

ポイント

製作にあたっての注意点や保育者の配慮などを紹介しています。

絵の具について

使う道具や何に描くかによって、絵の具の濃さや石けんを混ぜるかなどが異なります。基本的な絵の具の溶き方を紹介します。

等量溶き絵の具

溶くときの基本は、「絵の具1：水1」です。濃度が均一になるまで、よく混ぜます。作品に合わせて調整し、試しておくとよいでしょう。

（濃いほうがよい場合）
スタンプの場合は、水が多いとくっきり写らないので、やや水を少なくして濃いめに溶きましょう。

（薄いほうがよい場合）
たたみ染めでは、障子紙が絵の具を吸いやすいよう、水の量をやや多めにしましょう。

絵の具　　水
1　：　1

石けん絵の具

絵の具に石けん液（または洗剤）を混ぜると、プラスチックなどの水をはじく素材にも用いることができます。ただし、絵の具が素材の上にのっているだけの状態なので、引っかくと簡単にはげてしまいます。

絵の具 + 少量の水 + 石けん液

1章
描く・塗る

筆以外にも綿棒や歯ブラシ、スポンジで描くなど
多彩な描き方を紹介します。いろいろな描画の技法を取り入れると、
製作の幅がぐんと広がります。

★フィンガーペイント……16

P.18　P.18　P.19

P.20　P.21

★ 綿棒で描く……22

P.24

P.24

P.25

★ 筆で描く……26

P.28

P.29

★ 歯ブラシで描く……30

P.32

P.33

★ 割りばしペン……34

P.36

P.37

★ はじき絵 ······ 38

P.40

P.40

P.41

P.42

P.43

★ スクラッチ……44

P.46

P.46

P.47

★ スポンジグラデーション……48

P.50

P.50

P.51

フィンガーペイント

技法のポイント

★ 指で絵の具に直接ふれて、感触を味わったり刺激を受けたりする
★ 道具とは異なるダイナミックなタッチで表現できる

用意するもの 紙／等量溶き絵の具よりも少し濃いめの溶き絵の具／トレー／タオルなど（手拭き用）

点を打つ

注意点
製作を始める前に、あらかじめ指1本だけに絵の具をつけるように伝えておきます。

指に絵の具をつけて、点を打ちます。手に絵の具がつくのをいやがる場合には、すぐに手が拭けるように手元にタオルなどを用意しておきましょう。

❀ 製作のコツ ❀

● 手に絵の具がつくと興奮しやすいので、どの指につけるかなど話しておく。

● 水を混ぜずに絵の具を使うと乾きにくくなるので、水で溶いて使う。

● 絵の具をチューブから紙の上に直接出し、霧吹きなどで水をかけながら作ってもよい。

ことばかけ例

点を打つときに…
「お母さん指だけに絵の具をつけて、あとの指はお休みね」

色をかえるときに…
「違う色の絵の具にかえたいときは、指をきれいに拭いてからにしようね」

 ## 線を描く・塗る

注意点
手を拭かないと色をかえられないので、単色または混じってもにごらない色で行うと取り組みやすいです。

指に絵の具をつけて、紙の上をすべらせるようにして線を描いたり塗ったりします。かすれてきたら絵の具をつけ直しましょう。

1章 フィンガーペイント

フィンガーペイント 展開例

指で点を打つ

材料 色画用紙（だ円・葉の形に切る） **道具** のり

1. 指で点を打つ
だ円形の色画用紙に、絵の具をつけた指で点を打ちます。

2. 紙を貼る
乾いたら、色画用紙の葉を貼ります。

POINT
絵の具の色を色画用紙と同系色にすると、まとまります。

3・4歳児

折り紙に指で塗る

材料 折り紙／色画用紙（細長く切る） **道具** のり

1. 指で塗る
折り紙に、絵の具をつけた指で塗ります。

2. 紙を貼る
乾いたら、色画用紙の棒を貼ります。

POINT
折り紙は表面がツルツルしているので、指のすべりがよく塗りやすいです。

3・4歳児

色をかえて指で点を打つ

材料 画用紙・色画用紙・丸シール（花とテントウムシの紙を作る）
道具 油性ペン（保育者用）

1. 紙を用意する

保育者が色画用紙に、花形の画用紙と、黒と赤の色画用紙を貼ります。丸シールと油性ペンで目をつけます。

2. 指で点を打つ

画用紙に、黄色の絵の具をつけた指で点を打ちます。

3. 指で点を打つ

赤の色画用紙に、黒の絵の具をつけた指で点を打ちます。

POINT

指を拭き終わってから、次に使う黒の絵の具を出すようにしましょう。

3歳児

1章 フィンガーペイント

フィンガーペイント 展開例

線をめやすに指で点を打つ

- **材料** コピー用紙（軸をペンで描いてコピーする）
- **道具** ペン（保育者用）

1. 紙を用意する

保育者がコピー用紙にペンで軸を描き、人数分コピーしておきます。

2. 指で点を打つ

軸の線をめやすに、絵の具をつけた指で点を打ちます。

POINT

指先をぐりぐりと回し、ブドウの実の大きさに変化をつけてもよいでしょう。

紙の上に絵の具を出し
指で混ぜながら描く

材料 色画用紙　**道具** クレヨン／霧吹き

3〜5歳児

1章 フィンガーペイント

1. 絵の具を出す
色画用紙の上に、絵の具（水色、赤、茶色）をチューブから直接出します。

2. 指で描く
霧吹きで水をかけながら、指で絵の具を混ぜて描きます。

3. クレヨンで描く
乾いたら、クレヨンでサツマイモのひげを描きます。

POINT
製作後に、余った絵の具と新聞紙を使って、手のひら全体で思い切り自由に塗りたくりをするのもよいでしょう。

綿棒で描く

技法のポイント

★ 筆の扱いに慣れていない場合でも、絵の具での描画を楽しめる
★ 小さな紙にも絵の具で描画がしやすい

用意するもの 紙／綿棒／等量溶き絵の具／ペットボトルのふた

点を打つ

注意点
絵の具は、色ごとにペットボトルのふたなど小さな容器に入れておくと取り組みやすいです。

綿棒の先に絵の具をしみ込ませて、点を打ちます。深さのある容器に絵の具を入れておくと、綿棒につけやすくなります。

✿ 製作のコツ ✿

- 綿棒は色をひんぱんにかえるのには向かないので、色を限定して使うようにする。
- 色をかえるときは、黄→赤、黄→緑のように、混ざってもにごらない組み合わせにする。
- カレンダーのようなツルツルした紙（コート紙）を使うと、描き心地がより楽しめる。

ことばかけ例

点を打つときに…
「いくつ点ができたかな？（数えたら）すごいね！」

色をかえるときに…
「違う色を使いたいときは、綿棒を逆さまにして絵の具をつけてね」

線を描く

注意点
色をかえる場合、混ざるとにごる色は綿棒の反対側に、3色目は別の綿棒につけることを伝えておきましょう。

1章 綿棒で描く

綿棒の先に絵の具をしみ込ませて、線を描きます。筆で描くのは難しい小さな紙にも、描くことができます。

綿棒で描く 展開例

綿棒で顔を描く

3〜5歳児

材料 色画用紙（丸く切る）

綿棒で描く

丸い色画用紙に、絵の具をつけた綿棒で描きます。

POINT

丸い色画用紙に描くことで、輪郭を描かなくても顔が描けて取り組みやすい作品です。

綿棒で点を打ったり線を描いたりする

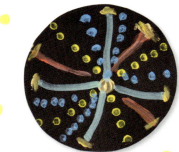

4・5歳児

材料 色画用紙（丸く切る）

1. 綿棒で線を描く

丸い色画用紙に、絵の具をつけた綿棒で放射状に線を描きます。

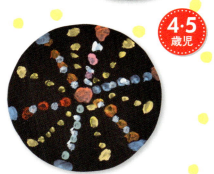

2. 綿棒で点を打つ

1と同じように、放射状に点を打ちます。

POINT

濃い色の紙には、金や銀、白、他の色と白を混ぜた絵の具を使うと、色が映えます。

ツルツルした紙に綿棒で描く

材料 コート紙・色画用紙（お皿とフォークの紙を作る）

1. 紙を用意する
保育者が色画用紙に、丸く切ったコート紙と、フォークの形に切った色画用紙を貼ります。

2. 綿棒で線を描く
コート紙に、オレンジの絵の具をつけた綿棒で線を描きます。

3. 綿棒で点を打つ
黄色の絵の具をつけた綿棒で点を打ちます。

POINT

コート紙のような紙に描くと、綿棒のすべりがよいので描き心地が楽しめます。

1章 綿棒で描く

筆で描く

技法のポイント

★ 筆の動かし方の強弱やスピードで、描き手の個性を表現できる
★ 絵の具の適量や筆の扱い方を覚える

用意するもの 紙／筆（丸筆の大と小）／等量溶き絵の具／パレットなど絵の具を入れる容器／筆を洗う容器

筆に絵の具を含ませる

注意点
筆先の水や絵の具を切るときに、筆を振らないようにしましょう。

筆に絵の具をつけるときは、まず絵の具をたっぷり含ませてから、パレットなどのふちでこすって余分を取ります。

✤ 製作のコツ ✤

● 紙に押しつけたときに、筆先がつぶれずに弾力がある筆が使いやすい。

● 穂先がバサバサと開く筆は、なめらかな線が描けない。

● 使った筆は、しばらく水に寝かせてつけておくと根元から汚れが溶け出てくる。保管の際は、必ず穂先を上にする。

 ことばかけ例

筆に絵の具をつけるときに…
「筆先が太っちょになっていると絵の具をつけすぎている印だよ」

色をかえるときに…
「違う色が混ざってしまうので筆を水でよく洗おうね」

太い線と細い線を描き分ける

注意点
活動を始める際には、必ずパレットと水は利き手と同じ側（右利きなら右側）に置きます。

1章 筆で描く

筆の穂先に意識を集中して、太い線と細い線を描き分けます。太い線は、筆を紙にギュッと押しつけて描き、細い線は、筆の穂先だけを紙につけて描きます。

筆で描く 展開例

太い筆と細い筆を使い分けて描く

材料 色画用紙　**道具** クレヨン

5歳児

1. 太い筆で描く

色画用紙に、灰色の絵の具をつけた太い筆で雲を描きます。

2. 細い筆で描く

青の絵の具をつけた細い筆で雨を描きます。色をかえて家や木などを描きます。

3. クレヨンで描く

乾いたら、クレヨンで細かなものを描きます。

POINT

雨雲がもくもく、雨がザーザーのように、太い・細いをイメージしやすい題材で取り組みましょう。

筆の使い方を意識して
線の太さを描き分ける

材料 色画用紙

5歳児

1. 太い筆で描く

色画用紙に、茶色の絵の具をつけた太い筆で下は太く上は細くなるように幹を描きます。

2. 細い筆で描く

茶色の絵の具をつけた細い筆で幹から枝を描き、それより細い線で枝から小枝を描きます。

3. 細い筆で描く

色をかえて細い筆で葉や草、太陽を描きます。

1章 筆で描く

POINT

絵の具の色をかえるときは、筆を水でよく洗います。絵の具が残っていると色が混ざってしまうので、筆洗いの水は汚れたら取りかえましょう。

歯ブラシで描く

技法のポイント

★ 筆とは異なる、勢いのあるダイナミックな描写ができる
★ かすれた感じから、トゲトゲ、ガサガサした表現に向いている

用意するもの 紙／歯ブラシ／等量溶き絵の具／ゼリーなどのカップ、またはプラスチック容器

放射状に描く

注意点
コート紙のようにツルツルした紙のほうが、より歯ブラシがすべりやすく描きやすいです。

絵の具をつけた歯ブラシを紙に押し当てて、中心から外側にすべらせるように描きます。歯ブラシを押し当てる強さや傾きによってタッチに違いが出ます。

❖ 製作のコツ ❖

● 歯ブラシはやわらかく毛足の長いものが描きやすい。

● 歯ブラシに絵の具がよくつくよう、ゼリーなどのカップやプラスチック容器など深さのある容器に入れる。

● 製作途中で随時補充できるよう、等量溶き絵の具をたっぷり用意しておく。

 ことばかけ例

絵の具をつけるときに…
「歯ブラシはカップの奥まで入れてブラシにしっかり絵の具をつけようね」

ぬらした紙に描くときに…
「ぬらした紙に描いてみるよ。描いたら、どうなるかな?」

 ## ぬらした紙に描く

 注意点
紙のぬらし具合と絵の具の濃度の組み合わせで結果がかなりかわるので、事前に試しておきましょう。

歯ブラシがすべりやすく絵の具がにじむのが楽しめます。描きすぎると全体が均一になり歯ブラシの質感が感じられなくなるので、サッと描くようにしましょう。

1章 歯ブラシで描く

歯ブラシで描く 展開例

歯ブラシで放射状に描く

- **材料** 画用紙／色画用紙
- **道具** クレヨン／はさみ／のり

1. 歯ブラシで描く

画用紙に、絵の具をつけた歯ブラシで放射状に描きます。

2. 紙を切り貼りする

乾いたら、色画用紙をクリの実の形に切り、絵の具の中央に貼ります。

3. クレヨンで描く

クレヨンで色画用紙に顔を描きます。

POINT

歯ブラシを中心から外側へとすべらせます。力が入れづらい場合は、紙の向きをかえながら取り組みましょう。

ぬらした紙に歯ブラシで描く

1章 歯ブラシで描く

材料 画用紙／折り紙　**道具** ペン／のり

1. 歯ブラシで描く

ぬらした画用紙に、絵の具をつけた歯ブラシで曲線を描きます。

2. 折り紙を折る

折り紙で魚を折り、ペンで目を描きます。

3. 折り紙を貼る

折り紙の魚を1に貼ります。

POINT

何度も描いたり、ゆっくり描いたりせずに、サッと描くようにすると、歯ブラシの質感がよく出ます。

割りばしペン

技法のポイント

★ 割りばしペン特有の強弱やかすれのある線が描画の魅力を高める
★ 乾くのが比較的早いので、あまり間をおかず着彩に取りかかれる

用意するもの 紙／割りばし（小枝でも）／等量溶き絵の具よりも少し薄めの溶き絵の具、または墨汁／ペットボトルのふた

 そのままの割りばしで描く

注意点
絵の具や墨汁はペットボトルのふたに入れておくと、割りばしをしっかり浸すことができます。

絵の具や墨汁に浸した割りばしで描きます。割りばしの側面で描くと太くなり、角で描くと細くなり、線に強弱をつけられます。

❖ 製作のコツ ❖

- 割りばしを削らずにそのまま使うと、描く部分によって線の強弱が出せる。
- 絵の具の場合は、割りばしがしっかり水分を吸うように、水を等量溶き絵の具よりも多めに混ぜる。
- 散歩などで拾ってきた小枝を使うなどしても楽しめる。

ことばかけ例

割りばしペンを使うときに…
「持ったまま歩き回ったり、友だちに向けたりしないようにね」

絵の具がかすれるときに…
「線がかすれて薄くなってきたらもう一度、絵の具をつけてね」

❋ 削った割りばしで描く

注意点
先端がとがっているので、気をつけて扱うように事前に話しておきましょう。

先を鉛筆削りで削った割りばしに絵の具や墨汁をつけて描きます。とても細い線を描くことができます。

1章 割りばしペン

割りばしペン 展開例

先を削った割りばしで障子紙に描く

材料 障子紙

割りばしで描く

先を削った割りばしに絵の具をつけて、障子紙に絵を描きます。

POINT

障子紙は吸水性が高いので、線の強弱やかすれなどの効果がよく出ます。

割りばしで描き、クレヨンで塗る

材料 画用紙　**道具** クレヨン

1. 割りばしで描く
画用紙に、墨汁を浸した割りばしで輪郭を描きます。

2. クレヨンで塗る
乾いたら、クレヨンで色を塗ります。

POINT
墨汁は、衣類につくと落ちにくいので、あらかじめ汚れてもよい格好になりましょう。

1章　割りばしペン

はじき絵

技法のポイント

★ 見えていなかった線が浮かびあがるようすを楽しむ
★ クレヨンに含まれるろう、パスに含まれる油が水をはじく性質をいかす

用意するもの 紙／クレヨン、パス、ろうそくなど／筆／等量溶き絵の具よりも薄めの溶き絵の具、または墨汁

1. クレヨンなどで描く

注意点
白のクレヨンやろうそくのように見えない色で描くときは、実演して見せて浮かびあがることを説明しましょう。

薄い色のクレヨンやろうそくなどで描きます。絵の具をよくはじくよう、強めにしっかりと描くようにしましょう。

✤ 製作のコツ ✤

● 筆圧が弱いと絵の具をはじかないので、力強く描く。

● 絵の具の色や種類によって、よくはじくものとそうでないものがあるので、事前に必ず試して確かめておく。

● 絵の具の代わりに墨汁でも行えるが、その場合も事前にはじき具合を確かめておく。

ことばかけ例

クレヨンで描くときに…
「絵の具を塗ってからもよく見えるよう、力を入れてしっかり描こうね」

ろうそくで描くときに…
「ろうそくで描くと見えないけれど、絵の具で浮かびあがってくるんだよ」

2. 絵の具を塗る

注意点
絵の具が濃いと絵が見えなくなるので、絵の具は薄めに溶いてはじきやすくしましょう。

クレヨンなどで描いた上から、筆で絵の具を塗ります。絵の具をはじいて、絵が浮かびあがってきます。

はじき絵 展開例

白のクレヨンで描き絵の具を塗る

材料 画用紙（コップの形に切る）／色画用紙　**道具** のり

1. クレヨンで描く
コップの形の画用紙に、白のクレヨンで氷を描きます。

2. 絵の具を塗る
クレヨンの上からジュースに見立てた色の絵の具を塗ります。

3. 台紙に貼る
乾いたら、色画用紙に貼ります。

3・4歳児

クレヨンで模様を描き絵の具を塗る

3歳児

材料 色画用紙（キノコのかさ・キノコの軸の形に切る）　**道具** のり

1. クレヨンで描く
キノコのかさの形の色画用紙に、クレヨンで模様を描きます。

2. 絵の具を塗る
クレヨンの上から絵の具を塗ります。

3. 紙を貼る
乾いたら、色画用紙の軸を貼ります。

クレヨンとろうそくで描き絵の具を塗る

材料 画用紙

1. クレヨンで描く
画用紙に、クレヨンでカタツムリやカエル、雲などを描きます。

2. ろうそくで描く
ろうそくで、雨を描きます。

3. 絵の具を塗る
クレヨンとろうそくの上から絵の具を塗ります。

POINT
何度も絵の具を塗り重ねると、ろうそくが見えなくなるので塗りすぎに注意しましょう。

4・5歳児

1章 はじき絵

はじき絵 展開例

クレヨンで描き墨汁を塗る

材料 画用紙　**道具** ティッシュ（保育者用）

5歳児

1. クレヨンで描く
画用紙に、クレヨンで絵を描きます。

2. 墨汁を塗る
クレヨンの上から墨汁を塗ります。

3. 余分な墨汁を取る
絵が墨汁で見えなくなってしまった場合は、保育者がぬらしたティッシュで墨汁を拭き取ります。

POINT
上から墨汁を塗るので、クレヨンは明るい色を使ったほうが黒地とのコントラストが大きく映えます。

色鉛筆で描いたものを ろうそくでカバーして 絵の具を塗る

材料 画用紙
道具 色鉛筆

1章 はじき絵

1. クレヨンで描く
画用紙に、クレヨンでシャボン玉を飛ばす人を描きます。

2. 色鉛筆で描く
色鉛筆で小さな絵を何点か描きます。

3. ろうそくで塗る
色鉛筆の絵の上をろうそくで丸く塗りつぶしてカバーします。まわりに、ろうそくで丸を描いたり丸く塗ったりします。

4. 絵の具を塗る
上から絵の具を塗ります。

POINT
色鉛筆の絵の上からろうそくで、すき間なくしっかり塗ってカバーします。

スクラッチ

技法のポイント

★ すき間なく色を塗ることで濃密な色の美しさを体感する
★ 描く紙をかえることで、表現に違いが出せる

用意するもの 紙／クレヨン／割りばし、またはつまようじ

画用紙で作る

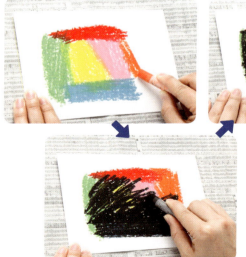

注意点
引っかくときにクレヨンの削りかすが出て汚れるので、あらかじめ汚れてもよい格好になりましょう。

明るい色のクレヨンで塗り、その上から黒（または濃い色）のクレヨンで塗ります。割りばしなどで引っかいて削ります。

❖ 製作のコツ ❖

● クレヨンは、すき間がないように塗り込む。

● 大きな紙を使うとクレヨンで塗りきれないので、小さな紙で取り組む。

● 引っかくときに削りかすがたくさん出るので、新聞紙を敷いたり腕まくりをするなど、汚れてもよいようにしておく。

ことばかけ例

クレヨンで塗るときに…
「あとで削れるように、クレヨンは力を入れて濃く塗ろう」

引っかくときに…
「ゆっくり動かして、どんな色が出てくるのか見ながら引っかこう」

ツルツルした紙で作る

注意点
牛乳パックは、水洗いでは表面に乳脂肪分などが残って使いにくいので、必ず洗剤で洗います。

牛乳パックやコート紙のような紙のときは、濃い色のクレヨンで塗ります。割りばしなどで引っかいてクレヨンを削ると、地の白が出てきます。

1章 スクラッチ

スクラッチ 展開例

画用紙で作る

材料 画用紙

4・5歳児

1. クレヨンで塗る

明るい色のクレヨン何色かで、画用紙を塗ります。

2. クレヨンで塗る

1の上から黒のクレヨンで塗ります。

3. 引っかく

割りばしで引っかいて削り、絵を描きます。

金の折り紙で作る

材料 ホイル折り紙（光沢があり表面がツルツルしているもの）

1. クレヨンで塗る

金の折り紙に、クレヨンで塗ります。

2. 引っかく

割りばしで引っかいて削り、模様を描きます。

4・5歳児

4・5歳児

1章 スクラッチ

牛乳パックで作る

材料 牛乳パック（洗って開く）
道具 テープ／はさみ

POINT
製作前に、牛乳パックのどの面に描くか、尾びれをどちら向きで切るか、確認しておきましょう。

1. クレヨンで描く
牛乳パックに、クレヨンで模様を描きます。

2. 引っかく
割りばしで引っかいて削ります。

3. 三角柱にする
両端の2面を重ね合わせて三角柱にし、テープでとめます。尾びれの部分を三角に切ります。

4. クレヨンで描く
クレヨンで目と口を描きます。

スポンジグラデーション

技法のポイント

★ 本来は難しいグラデーションの表現が簡単に楽しめる
★ 短時間で効果的な絵画の背景を作ることができる

用意するもの 紙／スポンジ／絵の具／トレー

1. 絵の具を出す

注意点
スポンジの幅よりも広く絵の具を出してしまうと、はみ出してしまいグラデーションになりません。

紙の端に3～4色ぐらいの絵の具をチューブから直接出します。絵の具は、スポンジの幅よりも内側におさまるように出しましょう。

✿ 製作のコツ ✿

● 絵の具のつきが悪いかうと何度もスポンジを往復させると、色が均一に混ざってしまいグラデーションにならないので注意する。

● 1回で思いどおりにできるとは限らないので、材料を多めに用意する。

ことばかけ例

スポンジを動かすときに…
「スポンジをギュッと押しつけながら紙の上をゆっくりとすべらせようね」

絵の具のつきが悪いときに…
「色がつかなかったら、あと1回だけすべらせてみよう」

2. ぬらしたスポンジでこする

注意点
水が多いと紙がぬれすぎてしまうので、スポンジは必ず軽く絞りましょう。

1章 スポンジグラデーション

トレーなどで水に浸したスポンジを軽く絞ります。スポンジを絵の具の上に置き、すべらせてこすります。

スポンジグラデーション 展開例

スポンジで半円を描く

材料 画用紙 **道具** クレヨン

1. 絵の具を出す
画用紙の下の端に、赤・黄色・青の絵の具を出します。

2. スポンジでこする
ぬらしたスポンジで半円を描くように、絵の具をこすり、虹を描きます。

3. クレヨンで描く
乾いたら、クレヨンで家や太陽などを描きます。

5歳児

スポンジグラデーションの紙を切り貼りする

材料 画用紙
道具 はさみ／のり／クレヨン

5歳児

1. 絵の具を出す
画用紙に、絵の具を3色ぐらい出します。

2. スポンジでこする
ぬらしたスポンジで絵の具をこすります。

3. 紙を切り貼りする
乾いたら、その紙を切り貼りしてテーマの形を作ります。クレヨンで目や口を描きます。

スポンジで曲線を描く

材料 色画用紙　**道具** クレヨン

1章 スポンジグラデーション

1. 絵の具を出す

色画用紙に、金と銀の絵の具を出します。

2. スポンジでこする

ぬらしたスポンジで絵の具をこすり、天の川を描きます。

3. クレヨンで描く

乾いたら、クレヨンで織姫と彦星を描きます。

POINT

スポンジをゆっくり動かし、絵の具をのばします。絵の具のつきが悪い場合は、もう一往復しましょう。

自画像

子どもの成長記録や卒園時の記念にもなる自画像は、取り組みやすい順番で進めることがポイントです。一人ひとりの個性が発揮できる作り方を2案紹介します。

色画用紙を貼ってクレヨンで描く

材料 色画用紙（台紙用、顔用に丸く切る、体用に長方形に切る、手足用に帯状に切る）

道具 はさみ／のり／クレヨン

1 紙を用意する

1人につき、顔用の丸いものを1枚、体用の長方形のものを1枚（いろいろな色を用意して選べるようにするとよい）、手足用の帯状のものを4枚用意します。

2 顔を貼る

台紙に顔の色画用紙を貼ります。

3 クレヨンで描く

クレヨンで目や口などのパーツや髪の毛を描きます。

④ 体を貼る

体の色画用紙の中央に切り込みを入れます。左右に折って襟の形を作り、台紙に貼ります。

⑤ 手足を貼る

手足の色画用紙を台紙に貼ります。貼る向きをかえたり、途中で折ったりすると、いろいろなポーズにすることができます。

1章 コラム 自画像

バリエーション

体の色画用紙を2枚に分けます。下に貼る紙の中央を切り取ると、ズボンの形になります。

体の色画用紙を2枚に分けます。下の紙を横長に貼るとスカートの形になります。

紙テープを斜めに貼り、小さめに切った色画用紙で、園かばんを加えてもよいでしょう。

絵の具を塗った紙でコラージュ

材料 画用紙（A4サイズ程度）／画用紙（白目用に2枚重ねてホッチキスでとめる）／色画用紙（黒目用に2枚重ねてホッチキスでとめる、口用に長方形に切る、髪の毛用に長方形に切る）

道具 絵の具（オレンジ・黄土色・白・茶色など）／筆／鉛筆／はさみ／のり／クレヨン

1 絵の具を塗る

絵の具をつけた筆で画用紙全体を塗ります。

2 画用紙を切る

乾いたら、裏側に鉛筆で顔の輪郭を下書きして切ります。画用紙の3分の2を顔の輪郭、残り3分の1から鼻と耳を作るような配分をイメージしましょう。

3 鼻を切って貼る

鼻の形はイメージしづらいので、保育者が見本を作って用意しておきます。その形を見ながら、まず三角に切ってから鼻の穴の部分を切り取ります。顔の中央をめやすに貼ります。

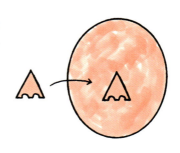

④ 目を切って貼る

保育者がホッチキスでとめておいた紙に白目と黒目を鉛筆で下書きしてから切り、顔に貼ります。クレヨンでまゆ毛を描きます。

  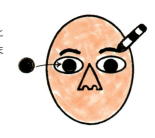

⑤ 口と耳を切って貼る

口の色画用紙と耳の画用紙に鉛筆で下書きしてから切り、顔に貼ります。クレヨンで口には歯を、耳には耳の穴を描きます。

⑥ 髪の毛を貼る

髪の毛の色画用紙に細かく切り込みを入れ、顔に貼ります。

バリエーション

髪形に合わせて、前髪だけでなく結んだ髪の毛やゴムなどの飾りをつけてもよいでしょう。

クレヨンで目の上のまつ毛や口の中の舌などを描き加えると、表情が豊かになります。

1章 コラム 自画像

2章
写す・押す

タンポやスタンプを押したものを何かに見立てたり、
写し取った形を模様にしたりして作ります。
生まれた形をきっかけにして製作を展開していきましょう。

★デカルコマニー……58

P.60

P.60

P.61

★タンポ……62

P.64

P.64

P.65

P.65

P.66

P.66

P.67

★ スタンプ……68

★ こすり出し……76

★ スチレン版画……82

デカルコマニー

技法のポイント

★ 描画とは異なる、偶然できる力強い色や形を楽しめる
★ 左右対称のおもしろさを感じる

用意するもの 紙／筆／絵の具、または等量溶き絵の具／霧吹き

 紙に絵の具をのせる

注意点
絵の具のつきが悪くて写らないときは、霧吹きで水をかけて調整しましょう。

半分に折った紙の片側に絵の具をチューブから直接出します。紙を合わせて上からこすり、すぐに開きます。

✤ 製作のコツ ✤

● 紙を合わせた後、すぐに開かないと紙がくっついてしまうので注意する。

● 複数の色を重ねてつけるとにごりやすいので、色と色とを離すようにする。

● 文字や数字のようなものを書いても、不思議な図形になるのでおもしろい。

 ことばかけ例

絵の具を写すときに…
「乾いて色が写らなくなったら、また描いてから、閉じてこすってね」

紙を開くときに…
「どんな形になっているか楽しみだね。紙を開いてみよう」

2章 デカルコマニー

 筆で描く

注意点

絵の具をつけたら、すぐに紙を合わせないと乾いてしまうので気をつけましょう。

半分に折った紙の片側に絵の具をつけた筆で描きます。紙を合わせて上からこすり、すぐに開きます。

デカルコマニー 展開例

筆で模様を描く

4・5歳児

POINT
チョウのように左右対称のものが取り組みやすいです。

材料 画用紙（チョウの形に切る）／モール **道具** テープ

1. 半分に折る
チョウの形の画用紙を半分に折ります。

2. 絵の具で描く
画用紙の片側半分に、絵の具をつけた筆で描きます。紙を閉じ、手でこすって開きます。

3. モールをつける
乾いたら、V字形に折ったモールを裏からテープでとめます。

紙に絵の具をのせる

材料 色画用紙（正方形・キノコのかさの形に切る）／画用紙（キノコの軸の形に切る） **道具** のり

1. 半分に折る
キノコのかさの形の色画用紙を半分に折ります。

2. 絵の具をのせる
色画用紙の片側半分に、チューブから絵の具を出します。紙を閉じ、手でこすって開きます。

3. 台紙に貼る
乾いたら、色画用紙に軸の画用紙と **2** を貼ります。

3〜5歳児

デカルコマニーの紙を切り貼りする

材料 画用紙／カラー工作用紙・輪ゴム（冠の土台を作る）
道具 はさみ／のり／ホッチキス（保育者用）

1. 土台を用意する
保育者が細長く切ったカラー工作用紙で王冠の形を作り、両端に輪ゴムを挟んでホッチキスでとめます。

2. 半分に折る
画用紙を半分に折ります。

3. 絵の具で描く
画用紙の片側半分に、絵の具をつけた筆で描きます。紙を閉じ、手でこすって開きます。

4. 土台に貼る
乾いたら、その紙を好きな形に切って冠に貼ります。

5歳児

2章 デカルコマニー

タンポ

技法のポイント

★ 筆では表現できない独特の温かみが出る
★ まだ描画に慣れていない子どもでも絵作りを楽しめる

用意するもの
紙／はぎれ／輪ゴム／等量溶き絵の具／霧吹き／トレー（水用と絵の具用）

1. タンポを水につけて絞る

注意点
タンポをぬらさないと、絵の具の水分をタンポが吸収して、紙に絵の具がつきづらくなります。

丸めたはぎれを別のはぎれにのせて包み、輪ゴムでとめ、余分なところを切ります。タンポを水に浸して全体にしみ込ませます。水から引き上げて絞ります。

❖ 製作のコツ ❖

- タンポは保育者が事前に用意し、余分なところを切り落として持ちやすくする。
- タンポにムラができてしまうので、絵の具はよく水と混ぜておく。
- 割りばしの先にタンポをつけ、筆のようにして使うこともできる。

ことばかけ例

タンポをぬらすときに…
「タンポをお水につけてから ギュッと絞ってね」

タンポを押すときに…
「ポンポン押すの楽しいね。 ギュッと押すときれいに色がつくよ」

2章 タンポ

2. 絵の具をつけてタンポを押す

注意点
絵の具がうまくつくかどうか別の紙で試してから、作品用の紙に押すとよいでしょう。

絵の具をつけたタンポを紙に押します。かすれるようなら絵の具に霧吹きで水を足し、薄めて調整します。

タンポ 展開例

タンポを押す

材料 画用紙（魚の形に切る）／折り紙　**道具** のり

1. タンポを押す
魚の形の画用紙に、絵の具をつけたタンポを押します。

2. 台紙に貼る
乾いたら、折り紙に貼ります。

線をめやすにタンポを押す

材料 画用紙（クレヨンで軸を描く）／色画用紙（葉の形に切る）　**道具** はさみ／のり

1. 紙を用意する
保育者が画用紙にクレヨンで軸を描きます。

2. タンポを押す
軸の線をめやすに、絵の具をつけたタンポを押します。

3. 紙を切る
周囲を切り取り、色画用紙の葉を貼ります。

丸をめやすにタンポを押す

3・4歳児

材料 色画用紙（鉛筆で丸を2点書く）／折り紙
道具 クレヨン／はさみ／のり

1. 紙を用意する
保育者が色画用紙に鉛筆で丸を2点、雪だるまの形に描きます。

2. タンポを押す
丸の中に、絵の具をつけたタンポを押します。

3. クレヨンで描く
乾いたら、クレヨンで目や口、手袋などを描きます。

4. 紙を貼る
折り紙を帽子の形に切り、色画用紙に貼ります。

2章 タンポ

タンポで色をつける

材料 色画用紙（ドーナツの形に切る）

4・5歳児

タンポを押す
ドーナツの形の色画用紙に、絵の具をつけたタンポで焼き色をイメージして全面に色をつけます。

タンポ 展開例

タンポを押して
クレヨンで描く

材料 画用紙
道具 クレヨン

1. タンポを押す
画用紙に、絵の具をつけたタンポを押します。

2. クレヨンで描く
乾いたら、クレヨンで葉や茎を描きます。

タンポの紙を円すいにする

材料 色画用紙（大・中・小の扇形に切る）／シール　**道具** テープ

1. シールを貼る
大と小の扇形の色画用紙に、シールを貼ります。

2. タンポを押す
中の扇形の色画用紙に、絵の具をつけたタンポを押します。

3. 円すいにする
大中小の色画用紙をそれぞれテープでとめ、円すいにします。3点を重ねます。

クレヨンで描きタンポを押す

 色画用紙　 クレヨン

1. クレヨンで描く

色画用紙に、クレヨンで家や人、地面などを描きます。

2. タンポを押す

絵の具をつけたタンポを雪が降ってくるイメージで点々と押したり、地面に雪が積もるように押したりします。

POINT

タンポは、雪景色の広さ（タンポを押す面積）とのバランスを考慮して、適した大きさのものを用意しましょう。

スタンプ

> **技法のポイント**
> ★ 写ったものを何かに見立てることで描画のきっかけになる
> ★ 身近なものや手作りスタンプなどで、いろいろな形を楽しめる

用意するもの 紙／スタンプにするもの／筆／等量溶き絵の具よりも濃いめの溶き絵の具、または石けん絵の具／トレー／タオルなど（下敷き用）

1. スタンプに絵の具をつける

注意点
油粘土やエアパッキンのように水をはじくものを使う場合は、石けん絵の具を用意しましょう。

スタンプに絵の具をつけます。トレーに入れた絵の具をつけるほうがよいか、1回押すごとに筆で絵の具をつけたほうがよいか、スタンプに応じましょう。

製作のコツ

- トレーで絵の具をつけるのか、1回ずつ筆でつけるのか、事前に試しておく。
- 身近なものでどんなものがスタンプにできるか、子どもといっしょに考えても楽しめる。
- 野菜を使うときは、切り口から水分がしみ出てくるので、絵の具にあまり水を混ぜない。

ことばかけ例

絵の具をつけるときに…
「絵の具をつけたら（塗ったら）すぐにスタンプを押そうね」

スタンプを押すときに…
「絵の具がよく紙につくよう、真上から下に押しつけるようにね」

2. スタンプを押す

注意点
絵の具が乾燥して紙につきにくくなるので、スタンプに絵の具をつけたら手早く押しましょう。

絵の具をつけたスタンプを紙に押します。紙の下にタオルなどを敷いておき、少し紙が沈むように押すと、きれいに形が写ります。

スタンプ 展開例

油粘土のスタンプを押す

材料 色画用紙（丸く切る）／油粘土　**道具** クレヨン

3・4歳児

1. スタンプを作る

指で油粘土の形を整え、イチゴの形のスタンプを作ります。

2. スタンプを押す

丸い色画用紙に、石けん絵の具をつけた油粘土でスタンプを押します。

3. クレヨンで描く

乾いたら、クレヨンで葉などを描きます。

消しゴムのスタンプを押す

4・5歳児

材料 画用紙／色画用紙／消しゴム
道具 はさみ／のり／クレヨン

1. スタンプを押す

画用紙に、石けん絵の具をつけた消しゴムでスタンプを押します。

2. 紙を切り貼りする

乾いたら、色画用紙を屋根やドアの形に切り、画用紙に貼ります。

3. クレヨンで描く

クレヨンでドアノブを描きます。

段ボールのスタンプを押す

材料 画用紙／紙テープ（10センチ程度に切る）／段ボール　**道具** のり／クレヨン

5歳児

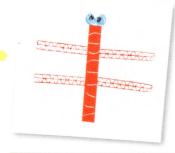

1. 紙に貼る
画用紙に紙テープを貼ります。

2. スタンプを押す
紙テープの左右に、絵の具をつけた段ボールでスタンプを押します。

3. クレヨンで描く
乾いたら、クレヨンで目を描きます。

2章　スタンプ

エアパッキンのスタンプを押す

材料 色画用紙／画用紙／麻ひも／エアパッキン／段ボール　**道具** はさみ／テープ／のり／ガムテープ（保育者用）

4・5歳児

1. スタンプを作る
保育者が段ボールにエアパッキンを巻き、ガムテープで持ち手をつけ、スタンプを作ります。

2. スタンプを押す
画用紙に、石けん絵の具をつけたスタンプを押します。

3. 紙を切る
乾いたら、トウモロコシの実の形に切ります。裏に、ほどいた麻ひもをテープで貼ります。

4. 台紙に貼る
色画用紙に、3と色画用紙を切った葉を貼ります。

スタンプ 展開例

発泡トレーのスタンプを押す

材料 色画用紙（丸く切る）／画用紙／折り紙（葉の形に切る）／発泡トレー（平らな部分を正方形に切る）／ペットボトルのふた

道具 鉛筆／ガムテープ／のり／クレヨン

1. スタンプを作る

発泡トレーに、鉛筆で十字に溝をつけます。裏に、ペットボトルのふたを輪にしたガムテープで貼ります。

2. スタンプを押す

丸い色画用紙に、筆で石けん絵の具をつけたスタンプを押します。

3. 台紙に貼る

画用紙に、折り紙の葉と2を貼ります。

4. クレヨンで描く

クレヨンで葉のすじや雨などを描きます。

POINT

スタンプは、1回押すごとに筆で絵の具をつけます。押したときに、端を指で軽く押さえると形がきれいに写ります。

身近なもののスタンプを押す

材料 折り紙／ペンやチューブのふた／洗濯ばさみ／プラスチックスプーン **道具** はさみ／のり

1. 紙を切り貼りする
折り紙を切り貼りし、ロボットの形を作ります。

2. スタンプを押す
折り紙に、石けん絵の具をつけた洗濯ばさみなどでスタンプを押します。

4・5歳児

芯材のスタンプを押す

材料 障子紙／芯材 **道具** 油性ペン

1. ペンで描く
障子紙に、油性ペンで輪郭を描きます。

2. 紙をぬらす
障子紙をもんでから、水につけてぬらし、軽く絞ります。

3. スタンプを押す
障子紙を広げ、絵の具をつけた芯材でスタンプを押します。

4. 絵の具を塗る
絵の具をつけた筆で、顔や体を塗ります。

4・5歳児

2章 スタンプ

スタンプ 展開例

葉っぱのスタンプを押す

材料 色画用紙／葉っぱ（いろいろな形のもの）
道具 色鉛筆

1. スタンプを押す
色画用紙に、筆で絵の具をつけた葉っぱでスタンプを押します。

2. 色鉛筆で描く
色鉛筆で魚などを描きます。

5歳児

片段ボールのスタンプを押す

1. スタンプを作る
片段ボールを筒状に丸め、輪ゴムでとめます。

2. スタンプを押す
画用紙に、絵の具をつけたスタンプを押します。

3. クレヨンで描く
乾いたら、クレヨンで葉や茎を描きます。

材料 画用紙／片段ボール／輪ゴム **道具** クレヨン

3〜5歳児

野菜のスタンプを押す

材料 色画用紙（着物・顔・烏帽子（えぼし）・冠の形に切る）／画用紙（切り込み線を描く）／折り紙／オクラ　**道具** はさみ／のり／ペン

1. 紙を用意する

保育者が色画用紙を図のような形に切り、左右を折って貼り合わせます。

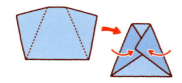

2. スタンプを押す

色画用紙に、絵の具をつけたオクラでスタンプを押します。

3. 紙を貼る

色画用紙の顔を着物の襟元に貼ります。ペンで顔を描き、烏帽子・冠を貼ります。

4. 台紙に貼る

画用紙の切り込み線を切り、折って立たせます。金と銀の折り紙を切ったものと 3 を貼ります。保育者が画用紙の裏側を折ります。

2章 スタンプ

3・4歳児

こすり出し

技法のポイント

- ★ 描画では得られないユニークな表現ができる
- ★ クレヨンを寝かせて行うので、手先をコントロールする練習になる

用意するもの 薄い紙／クレヨン（紙を取ったもの）／テープ／こするもの（エアパッキン、片段ボール、リボンなどの表面が均一な高さにでこぼこしているもの）

1. 薄い紙を当てる

注意点
でこぼこが激しすぎるとこすりにくいので、なるべく平たいものを選びましょう。

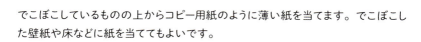

でこぼこしているものの上からコピー用紙のように薄い紙を当てます。でこぼこした壁紙や床などに紙を当ててもよいです。

❖ 製作のコツ ❖

● クレヨンの汚れがひどい場合は、ティッシュなどで汚れをふき取ってから使う。

● クレヨンは、折れたりカバーがなくなったりしたものをストックしておく。

● いろいろなものをこすり出した紙をためておくと、コラージュの材料になる。

 ことばかけ例

こすり出すときに…
「クレヨンを横に寝かせて、ブルドーザーみたいに押して塗るよ」

こすり出すときに…
「どんなものをこすったのか、友だちと当てっこしてみよう」

2. クレヨンを寝かせてこする

注意点
クレヨンでこするときに紙がずれる場合は、紙をテープで固定しましょう。

2章 こすり出し

クレヨンを横に寝かせて持ち、紙に押しつけながらこすると、下に置いたものの形が出てきます。途中でクレヨンの色をかえても楽しめます。

こすり出し 展開例
こすり出した紙を組み合わせる

材料 コピー用紙／色画用紙　　**道具** はさみ／のり

1. こすり出す
コピー用紙でエアパッキンや壁紙、かごなどをこすり出します。

2. 紙を切る
その紙を屋根やドアなどの形に切ります。

3. 台紙に貼る
色画用紙に、2 を組み合わせながら貼ります。

おうち以外に車や電車などの乗り物も、パーツをイメージしやすく向いているテーマです。

こすり出した紙で形を作る

- **材料** 折り紙
- **道具** はさみ／のり

5歳児

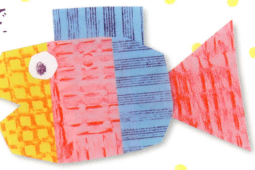

1. こすり出す
折り紙でかごなどをこすり出します。

2. 紙を切り貼りする
その紙を切り貼りして、テーマの形を作ります。

- **材料** 発泡トレー／色画用紙
- **道具** 割りばし／はさみ／ガムテープ

4・5歳児

発泡トレーをへこませてクレヨンで塗る

1. へこませる
発泡トレーに、割りばしペンでへこませながら絵を描きます。

2. 発泡トレーを切る
発泡トレーに描いた絵のまわりを切り取ります。

3. クレヨンで塗る
クレヨンで塗ります。途中で色をかえて塗ったり、色画用紙を切った幹をガムテープで貼ったりします。

2章 こすり出し

こすり出し 展開例

5歳児

いろいろなものをこすり出す

材料 コピー用紙／色画用紙　　**道具** はさみ／のり

1. こすり出す
コピー用紙でエアパッキンや壁紙、かごなどをこすり出します。

2. 紙を切る
その紙をうろこの形や四角形、目や口の形に切ります。

3. 台紙に貼る
色画用紙をこいのぼりの形に切り、その上に 2 を貼ります。

POINT
目を切るときは、ペットボトルのふたなどを鉛筆でなぞって印をつけるとよいでしょう。

リボンをこすり出した紙を切り貼りする

材料 コピー用紙／色画用紙　**道具** はさみ／のり

1. こすり出す
机にリボンを並べてテープで固定します。その上にコピー用紙を重ね、こすり出します。

2. 紙を切り貼りする
その紙を幹や枝の形に切り、色画用紙に貼ります。

3. クレヨンで描く
クレヨンで葉や土などを描きます。

POINT

リボンやひもなど、細長いものを使う場合は、机や下敷きにテープで貼って固定します。

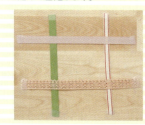

2章 こすり出し

5歳児

スチレン版画

技法のポイント

★ 貼り絵で版を作るのが難しい子でも、版画に取り組める
★ 手軽に色をかえて、たくさん写し取れる

用意するもの 紙／版画用のスチレン板、または大きめの発泡トレー／石けん絵の具／筆／はさみ／鉛筆／ばれん

1. 鉛筆でへこませて石けん絵の具を塗る

注意点
版とできあがりでは左右が反転するので、文字などは避けましょう。

注意点
石けん絵の具が薄いと、溝にたまってきれいに刷れないので、濃度を調整しましょう。

スチレン板を鉛筆でへこませながら絵を描きます。へこみが浅いとくっきり出ないので注意しましょう。上から筆で石けん絵の具を塗ります。

✿ 製作のコツ ✿

● 市販の版画用のスチレン板がない場合には、発泡トレーでも作れる。

● 濃い色の紙には、白または白を混ぜた色の石けん絵の具で刷る。

● 版につけた石けん絵の具を水で洗い流せば、色をかえて繰り返し使える。

ことばかけ例

版を作るときに…
「引っかかりやすいから、鉛筆でゆっくり描こうね」

刷るときに…
「ていねいに指で左から右へ、右から左へとこすろうね」

2章 スチレン版画

2. 紙を重ねて刷る

注意点
溝の中の絵の具まで写し取ってしまわないよう、なるべくフラットにこすります。

注意点
紙を少しずつめくり、きれいに写っているか確認します。写りが悪いところは、もう一度紙を戻してこすり直しましょう。

版の上に紙を重ね、指でこすって絵の具を写し取ります。紙をそっとはがします。大きな版のときは指ではなく、ばれんでこすって刷りましょう。

スチレン版画 展開例

白の絵の具で刷る

材料 色画用紙　**道具** はさみ

1. 版を作る
スチレン板に、鉛筆でへこませながら絵を描きます。

2. 絵の具をつける
筆で石けん絵の具を版につけます。

3. 紙を重ねて刷る
版の上に色画用紙を重ね、写し取ります。

4. 紙を切る
乾いたら、絵のまわりを切り取ります。

POINT

黒や紺など濃い色の紙に刷るときは、白、または他の色に白を混ぜた石けん絵の具を用います。

複数の色を使って刷る

材料 画用紙　**道具** はさみ

1. 版を作る
スチレン板に、鉛筆でへこませながら絵を描きます。

2. 絵の具をつける
筆で複数の色の石けん絵の具を版につけます。

3. 紙を重ねて刷る
版の上に画用紙を重ね、写し取ります。

4. 紙を切る
乾いたら、絵のまわりを切り取ります。

POINT
石けん絵の具を水で洗い流し、ティッシュなどで溝の中の水分を取れば繰り返し使えます。さまざまな配色を楽しみましょう。

2章 スチレン版画

5歳児

3章
染める・にじませる

色が混ざり合ってできる繊細な模様が魅力です。
いろいろな色の組み合わせを楽しみながら、
偶然できる模様をいかして製作に取り組みましょう。

★ たたみ染め……88

P.90

P.91

★ マーブリング……92

P.94

P.95

★ にじみ絵 ······ 96

P.98　　　P.99

P.100　P.101

たたみ染め

技法のポイント

★ 和風の演出ができ、色のハーモニーを楽しめる
★ 重なるように折るので、紙を折る練習にもなる

用意するもの 障子紙／等量溶き絵の具よりも少し薄めの溶き絵の具／ゼリーなどのカップ、またはプラスチック容器

1. 障子紙を折りたたみ絵の具に浸す

注意点
絵の具は製作中に随時補充できるよう、多めに作っておきましょう。

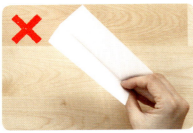

障子紙を折りたたんで絵の具に浸します。絵の具の吸収が悪くなるので、紙はできるだけ重なりが少なくなるように折ります。

✤ 製作のコツ ✤

● 障子紙の種類によっては、水分の浸透が悪く絵の具をあまり吸わないので、事前に試す。

● 絵の具は、等量溶き絵の具よりもやや薄めをめやすに調整する。

● 絵の具より水が多いと早く染まるが、乾くと色が薄くなるので注意する。

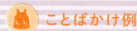 ことばかけ例

絵の具に浸すときに…
「紙を絵の具につけるのは、○秒までにしようね」

紙を広げるときに…
「広げたら、どんなふうになってるかな？ そっと紙を開いてみよう」

2. 障子紙を広げる

注意点
あらかじめ下敷き用の新聞紙を並べておき、乾かすスペースを確保しておきましょう。

3章 たたみ染め

絵の具を吸収した障子紙をゆっくりていねいに広げ、新聞紙の上に置いて乾かします。

たたみ染め 展開例

障子紙をじゃばらに折って染める

材料 障子紙（短冊の形に切る）

1. 紙を折る

障子紙を図のように折りたたみます。

2. 紙を染める

折りたたんだ障子紙の角やふちに絵の具をつけて染めます。

3. 紙を乾かす

新聞紙の上に障子紙を広げて乾かします。

染めるときは、薄い色の絵の具からはじめ、濃い色へとつけていきます。

コーヒーフィルターを折って染める

材料 コーヒーフィルター／色画用紙／新聞紙　**道具** はさみ／のり／ペン

1. 紙を折る

コーヒーフィルターを図のように折りたたみます。

2. 紙を染める

折りたたんだコーヒーフィルターの角やすそに絵の具をつけて染めます。

3. 紙を貼る

乾いたら、コーヒーフィルターを広げます。色画用紙を切ってペンで描いた顔を貼ります。

4. 紙を詰める

新聞紙を丸め、コーヒーフィルターの内側に詰めます。

3章 たたみ染め

マーブリング

技法のポイント

- ★ マーブリング特有の繊細な模様が作れる
- ★ 偶然できる不思議な流れ模様を楽しむ

用意するもの 障子紙／つまようじ／マーブリング用絵の具／バット

1. 絵の具を入れ混ぜる

注意点
絵の具を混ぜすぎてしまうと流れ模様がなくなってしまうので注意しましょう。

バットなどに入れた水にマーブリング用絵の具を入れます。水の表面に浮いている絵の具をつまようじでそっと混ぜます。

❖ 製作のコツ ❖

● 通常の絵の具は水に沈むので、マーブリング用絵の具で行う。

● バットに油分がついているとできないので、石けんか洗剤で洗っておく。

● マーブリング用絵の具の代わりに、墨汁で取り組むこともできる。

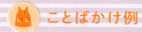 ことばかけ例

絵の具を混ぜるときに…
「かき混ぜすぎると、模様がなくなっちゃうから気をつけてね」

紙を水につけるときに…
「紙の端っこを持ってね。紙の真ん中からゆっくり水につけるよ」

2. 障子紙を水の表面につける

注意点
紙の両端を持って、最初に紙の中央が水面につくようにします。

障子紙の両端を持ち、紙の中央から水の表面につけます。手を離して両端をつけ、引き上げて新聞紙の上で乾かします。

マーブリング 展開例

マーブリングの紙を挟む

- **材料** プラスチック容器(イチゴなどの容器で同じものを2点)
- **道具** ビニールテープ

1. マーブリングをする
障子紙でマーブリングをします。

2. 紙を挟む
乾いたら、プラスチック容器に敷き、上から同じ容器を重ねます。

3. テープでとめる
容器のふちをビニールテープでとめます。

敬老の日などの行事に、プレゼントとして製作するのにもぴったりの作品です。

4・5歳児

マーブリングの紙を切り貼りする

材料 色画用紙　**道具** はさみ／のり／クレヨン

1. マーブリングをする
障子紙でマーブリングをします。

2. 紙を切り貼りする
乾いたら、その紙を切って色画用紙に貼り、テーマの形を作ります。

3. クレヨンで描く
クレヨンで目などを描きます。

P O I N T

残ったマーブリングの紙は、ためておくとコラージュの材料として活用できます。

3章 マーブリング

にじみ絵

技法のポイント

- ★ 水性ペンの鮮やかな色を楽しめる
- ★ ロマンチックで夢のある雰囲気が出せる

用意するもの 障子紙（書道用の半紙は NG）／台紙（画用紙やコピー用紙など）／水性ペン／筆／カップ

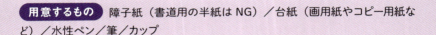

1. 水性ペンで描く

注意点
障子紙にインクがよくしみ込むよう、ゆっくり描きます。ペン先をしばらく紙につけたままにしておいてもよいでしょう。

新聞紙に画用紙またはコピー用紙を置いた上に障子紙（表裏はどちらが上でも OK）を重ねます。障子紙に水性ペンで描き、インクをしみ込ませます。

✤ 製作のコツ ✤

● 障子紙の下に台紙（画用紙やコピー用紙など）を敷くと、そちらにもインクがしみ込んで色が写るので、ためておくとコラージュの材料になる。

● 水から引き上げた作品をすぐに広げられるよう、新聞紙は広く敷いておく。

 ことばかけ例

ペンで描くときに…
「ときどきペンを止めて、じゅわーんとにじませると、色がきれいに出るよ」

筆で水をつけるときに…
「一気にたくさん水をつけると、色が消えてしまうよ。少しずつつけてね」

2. 筆で水をつける

注意点
にじみの効果を観察しながら作れるよう、水は少量ずつつけましょう。

カップなどに入れた水を筆に含ませて、ペンで描いた上からゆっくりとなぞり、ぬらします。そのまま乾かします。

3章 にじみ絵

にじみ絵 展開例

障子紙にペンで描きにじませる

材料 障子紙（こいのぼりの形に切る）

1. 水性ペンで描く
障子紙に、水性ペンで模様を描きます。

2. にじませる
水をつけた筆で、水性ペンで描いた上からなぞり、にじませます。

3. ペンで描く
乾いたら、ペンで目を描きます。

POINT
ところどころでペンを止めてにじませると、水をつけたときに色が濃くなって変化がつきます。

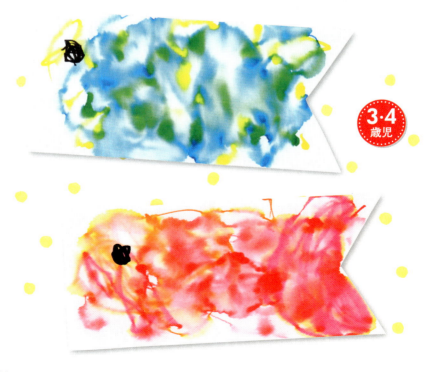

3・4歳児

4・5歳児

3章 にじみ絵

コーヒーフィルターに ペンで描き、にじませる

材料 コーヒーフィルター／色画用紙
道具 はさみ／のり／クレヨン

1. 紙を広げる
コーヒーフィルターの端を切り取って広げます。

2. 水性ペンで描く
コーヒーフィルターに、水性ペンで模様を描きます。

3. にじませる
水をつけた筆で、水性ペンで描いた上からなぞり、にじませます。

4. 紙を貼る
色画用紙で体を作り、3 に貼ります。クレヨンで目とくちばしを描きます。

POINT
コーヒーフィルターは、袋状になっているので、この作品のように切り取って広げる、または2枚に切り分けて使いましょう。

にじみ絵 展開例

ペンで描いた障子紙を丸めて水に浸し、にじませる

3〜5歳児

材料 ブックコートフィルム（または ラミネート加工をしてもよい）
道具 はさみ／洗面器、またはバット

POINT
水につけすぎると、インクが全部溶け出てしまうので「水につけるのは3秒まで」などルールを決めておきましょう。

1. 水性ペンで描く
障子紙に、水性ペンで模様を描きます。

2. 水に浸す
障子紙を丸めて、水を入れた容器に浸し、すぐに広げて乾かします。

3. 紙をカバーする
障子紙を切り、ブックコートフィルムで挟んでカバーします。

水性ペンと油性ペンで描き分けてにじませる

材料 障子紙（縦長に切る）
道具 油性ペン

5歳児

3章 にじみ絵

1. 油性ペンで描く
細長い障子紙に、油性ペンで輪郭を描きます。

2. 水性ペンで描く
水性ペンで色を塗ったり、雨を描いたりします。

3. にじませる
水をつけた筆で、ペンで描いた上からなぞると、水性ペンの部分だけがにじみます。

POINT
油性ペン（にじまない輪郭を描く）と水性ペン（にじませて色をつける）の役割の違いを伝えておきましょう。

4章
切る・貼る

たくさん紙を切ったり、重ねてまとめて切ったり、
紙やスポンジ、毛糸などを貼って絵を作ったり…。
「切る・貼る」を通して、はさみやのりの扱い方に慣れていきます。

★ たくさん切る……104

P.106

P.107

P.108

P.108

P.109

★ 切り紙……110

P.112

P.113

★ 紙のコラージュ……114

 P.116

 P.117

 P.118

 P.119

★ 紙以外のコラージュ……120

 P.122

 P.123

 P.123

 P.124

 P.125

たくさん切る

技法のポイント

★ たくさん切る経験をすることで、はさみの扱いに慣れていく
★ 切り方をくふうすることで、一度にたくさん切れることを知る

用意するもの 紙／はさみ

パッチン切り

注意点
発泡トレーなどを置いた上で切ると、次の活動へとスムーズに移れます。

保育者は、子どもが1回はさみを入れたら切れる幅の横長の紙を用意しておきます。紙を持ち、帯状に切っていきます。

❖ 製作のコツ ❖

● 薄い紙（新聞紙や雑誌）は切りにくいので、適切な厚みの紙（色画用紙ぐらい）を選ぶ。

● 刃物を扱うときには緊張感も必要なので、いすに深く座って姿勢よく取り組む。

● のりなどがついて切れ味が悪くなったら、アルコールティッシュで拭き取る。

ことばかけ例

はさみを使うときに…
「はさみを持ったままで歩き回ったり、友だちに向けたりしないようにね」

紙を切るときに…
「はさみを使うときは姿勢よく、おなかと机をくっつけて切りましょう」

4章 たくさん切る

🌸 重ね切り

注意点
紙を重ねて切る場合には、四隅をホッチキスでとめましょう。

四つ折りにした折り紙などに、トイレットペーパー芯などでスタンプを押します。線に沿って切ると、一度にたくさん同じ形が切れます。

たくさん切る 展開例

パッチン切りの紙を袋に入れる

材料 色画用紙（1回はさみを入れたら切れる幅にし、たくさん用意する・顔用の丸と手足用の縦長に切る）／小さいビニール袋
道具 テープ／ペン

3・4歳児

1. 紙を切る
色画用紙をたくさん帯状に切ります。

2. 袋に入れる
切った紙をビニール袋に入れ、袋の口をテープでとめます。

3. 紙を貼る
丸い色画用紙に、ペンで顔を描きます。ビニール袋にテープで顔と手足の色画用紙を貼ります。

紙を細長く切る

材料 色画用紙(数回はさみを入れないと切れない幅にする)／画用紙
道具 のり

4章 たくさん切る

1. 紙を切る
色画用紙を細長く切ります。

2. 台紙に貼る
細長く切った紙を貼り合わせてチョコレート菓子を作り、色画用紙と画用紙で作った台紙に貼ります。

POINT

紙とはさみが直角に交わる向きで紙を持ち、まっすぐに切り進んで細長く切ります。

たくさん切る 展開例

紙を重ね切りする

材料 折り紙（4分の1に切る）／画用紙／トイレットペーパー芯
道具 インクパッド／のり／クレヨン／ホッチキス（保育者用）

1. 紙をとめる
保育者がいろいろな色の折り紙を重ねてホッチキスで四隅をとめます。

2. スタンプを押す
インクパッドにつけたトイレットペーパー芯でスタンプを押します。

3. 紙を切る
スタンプした円に沿って、重ねた折り紙を切ります。

4. 台紙に貼る
切った紙を画用紙に並べて貼ります。クレヨンで顔などを描きます。

紙を自由に切る

材料 色画用紙／画用紙　**道具** のり

1. 紙を切る
キャンディーをイメージし、色画用紙を自由に切ります。

2. 台紙に貼る
切った紙を色画用紙と画用紙で作った台紙に貼ります。

紙をちぎったり はさみで細長く 切ったりする

材料 色画用紙（麺用のもの・いろいろな色の具材用のものに切る）／紙皿
道具 クレヨン／木工用接着剤

3・4歳児

4章 たくさん切る

1. 紙をちぎる
具材用の色画用紙をちぎります。

2. 紙を切る
麺用の色画用紙をはさみで細長く切ります。

3. クレヨンで描く
紙皿のふちに、クレヨンで模様を描きます。

4. 紙を貼る
紙皿の中央に木工用接着剤を多めに塗ります。1と2の色画用紙を混ぜ、両手で握ってまとめてから、押しつけるようにして貼ります。

POINT
貼った紙が紙皿から落ちるときは、上からラップフィルムをかけてカバーをしてもよいです。

切り紙

技法のポイント

★ 規則正しく折ることでリズムのあるデザインが作れる
★ 紙を折ったり切ったりするのを注意深く行う練習になる

用意するもの 折り紙／はさみ

🌸 折り紙を三角に折って切る

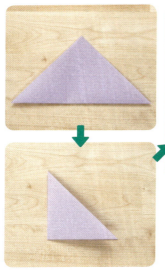

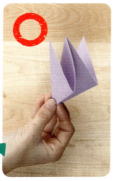

注意点
内側へと折っていくと紙がずれやすく、固くて切りにくくなるので、できるだけ外側に向けて折ります。

折り紙を三角に折ります。折った紙の角を切り落としたり、長い辺をランダムに切り抜いたりします（112ページ参照）。

✤ 製作のコツ ✤

● 紙がバラバラになってしまうこともあるので、材料は多めに用意する。

● 基本的には角を切り落とし、長い辺があれば切り抜くと伝える。

● 1回折るごとに、指で押さえながらていねいに折ることを心がける。

 ことばかけ例

紙を折るときに…
「きれいな形を作るコツは、
1回ごとにきれいに折ることだよ」

紙を切るときに…
「形が切り取れて、
紙のかけらが取り外せたかな？」

🌸 折り紙をじゃばらに折って切る

注意点
切り込みを入れただけで終わりにしてしまうこともあるので、切り取ることを伝えましょう。

折り紙をじゃばらに折ります。折った紙の角を切り落としたり、長い辺をランダムに切り抜いたりします（112ページ参照）。

切り紙 展開例

折り紙を三角に折ったり
じゃばらに折ったりして切る

材料　折り紙

1. 紙を折る

折り紙を三角に折ったり、じゃばらに折ったりします。

2. 紙を切る

折った紙の角を切り落としたり、長い辺を好きな形に切り取ったりします。

切り紙を貼る

材料 折り紙・千代紙・ホイル折り紙（4分の1に切る）／画用紙（袋の形にする） **道具** のり／カッター（保育者用）

1. 袋を用意する

保育者が画用紙を裏側で貼り合わせて、持ち手用の穴をカッターで開け、千歳あめ袋の土台を作ります。

2. 紙を折る

4分の1のサイズの折り紙や千代紙、ホイル折り紙を四つ折りにしたり、三角に折ったりします。

3. 紙を切る

折った紙の角や辺を自由に切り取ります。

4. 紙を貼る

画用紙の袋に、**3**を貼ります。

4章 切り紙

POINT

千代紙のほかに、和菓子の包装紙などを活用しても、和風のテイストでまとまりが出ます。

紙のコラージュ

技法のポイント

- ★ 切ったりちぎったりした紙で絵を作る
- ★ 模様や写真をいかして、にぎやかな作品を製作できる

用意するもの 折り紙、包装紙、広告紙などの紙／紙（台紙用）／はさみ／のり

 ## 折り紙や 包装紙を貼る

注意点
目や口などの小さいパーツを作るのが難しいときは、油性ペンで描いてもよいでしょう。

いろいろな模様の折り紙や包装紙などの紙をちぎったり切ったりします。それらを台紙に貼り、絵を作ります。

✤ 製作のコツ ✤

● ふだんからいろいろな柄の包装紙、写真のある広告紙やカタログをストックしておく。

● 広告紙やカタログの写真の場合は、「食べ物」「車」などテーマごとに保管しておくと便利。

● 年齢によっては紙をちぎるのが難しいので、ちぎれるかどうか事前に確認するとよい。

ことばかけ例

紙を選ぶときに…
「紙で絵を作れるよ。どの紙を使いたいかな？」

広告紙の写真を貼るときに…
「写真のまわりに何を描こうか？楽しい絵にしてみよう」

4章 紙のコラージュ

広告紙の写真を貼る

広告紙から車や家具、食べ物などの写真を切り抜きます。それを台紙に貼り、クレヨンなどで描き加えます。

紙のコラージュ 展開例

包装紙を貼る

材料 包装紙（いろいろな柄のもの）／色画用紙

1. 紙をちぎる

いろいろな柄の包装紙をちぎります。

2. 台紙に貼る

色画用紙に、ちぎった紙を貼って絵を作ります。

POINT

いろいろな柄の包装紙は、色ごとに分けて箱に入れておくと、取り組みやすいです。

ティッシュを貼る

- **材料** 色画用紙／ティッシュ
- **道具** 鉛筆／クレヨン

1. 足の形をなぞる

色画用紙の上に、靴下のまま足をのせ、鉛筆でまわりをなぞり描きします。

2. 台紙に貼る

足形を切り抜き、色画用紙に貼ります。帽子の形に切った色画用紙も貼ります。

3. 紙を貼る

あごや帽子の部分に、のりを塗ります。ティッシュをちぎり、のりの上にくっつけます。

4. クレヨンで描く

クレヨンで顔や雪などを描きます。

POINT

足をなぞるとき、鉛筆の先が足の下に入ってしまい小さい形になることがあるので、フォローしましょう。

4章 紙のコラージュ

紙のコラージュ 展開例

包装紙や広告紙の写真を貼る

材料 トイレットペーパー芯／折り紙／広告紙／包装紙／輪ゴム（切ってひも状にする） **道具** テープ（保育者用）／パンチ（保育者用）

3〜5歳児

1. 土台を作る

トイレットペーパー芯を軽くつぶして4センチ程度の輪切りにします。側面を切り開きます。

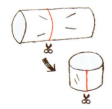

2. 紙を切る

広告紙の写真を切り取ったり、折り紙や包装紙を切ったりします。

3. 紙を貼る

トイレットペーパー芯に、**2**を貼ります。

4. 輪ゴムを通す

保育者が両端をテープで補強してからパンチで穴を開けます。ひも状にした輪ゴムを穴に通し、結びます。

4章 紙のコラージュ

4・5歳児

広告紙の写真を貼る

材料 広告紙／画用紙／ストロー　**道具** クレヨン／テープ

1. 紙を切る
画用紙を家の形に切り、ドアの部分に切り込みを入れます。

2. クレヨンで描く
画用紙の表と裏に、クレヨンで家の中と外を描きます。

3. 紙を切り貼りする
広告紙の写真を切り取り、画用紙に貼ります。

4. ストローを貼る
別の画用紙に、クレヨンで人の絵を描いて切り取り、裏側にストローをテープで貼ります。

紙以外のコラージュ

技法のポイント

★ 毛糸や綿、スポンジなど、いろいろな素材の質感をそのままいかす
★ 作品を立体的にボリュームアップする

用意するもの 貼るもの（毛糸、綿、スポンジ、枝、木の実など）／紙／木工用接着剤／タオルなど（手拭き用）

大きいものを貼る

注意点

発泡トレーやストローのようなもの、金属類は、乾燥後に外れることがあるので注意が必要です。

スポンジや空き箱などの大きなものを貼るときは、貼るもの自体に木工用接着剤を塗ります。引っくり返して紙の上に置き、上から押さえます。

✿ 製作のコツ ✿

● 木工用接着剤が手につくと気になり集中できないので、一度に大量に出さない。

● ぬらしたタオルなどを手元に置いておき、汚れた指をすぐに拭けるようにする。

● 木工用接着剤だけではなかなかつかないときは、上からテープで貼ってもよい。

ことばかけ例

木工用接着剤がはみ出たときに…
「乾くと透明になるから、はみ出しても大丈夫だよ」

貼るときに…
「台紙をゆすって動くものは、よく貼れていないからつけ直そうね」

4章 紙以外のコラージュ

小さいものを貼る

注意点
手ではなく、プラスチックのスプーンで木工用接着剤を塗ってもよいでしょう。

木の実などの小さなもの、綿や毛糸などを貼るときは、台紙に木工用接着剤を塗っておき、その上から貼るものを置いて軽く押さえます。

紙以外のコラージュ 展開例

割りばしやボタンを貼る

材料 色画用紙／割りばし（10センチ程度に切る）／リボン／不織布（帯状に切る）／ボタン　**道具** 油性ペン／クレヨン

1. 油性ペンで描く

割りばしとボタンに、油性ペンで模様を描きます。

2. 立体物を貼る

色画用紙に、割りばしとボタンを貼ります。割りばしの左右に、リボンや不織布の羽を貼ります。

3. クレヨンで描く

クレヨンで雲などを描きます。

POINT

布などが丸まって貼りにくいときは、木工用接着剤を台紙に塗り、その上に置いて指で押さえながら貼ります。

4・5歳児

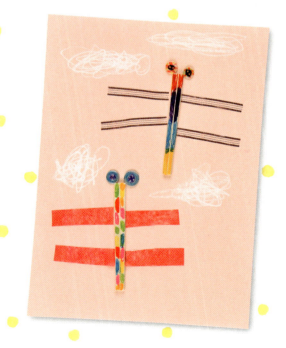

マカロニや綿を貼る

材料 段ボール／色画用紙（ツリーの形に切る）／リボン／マカロニ／綿

1. リボンを貼る
ツリーの形の色画用紙に、リボンを斜めに貼ります。

2. 台紙に貼る
段ボールに色画用紙を貼ります。

3. 立体物を貼る
色画用紙に、マカロニや丸めた綿を貼ります。

スポンジやフェルトを貼る

材料 色画用紙／スポンジ／フェルト　**道具** はさみ

1. 立体物を切る
スポンジやフェルトを切ります。

2. 立体物を貼る
色画用紙に、切ったスポンジやフェルトを貼ります。

4章　紙以外のコラージュ

紙以外のコラージュ 展開例

綿を貼る

材料 色画用紙（縦長に切る）／折り紙（丸く切る）／綿　**道具** クレヨン

1. 紙を貼る
色画用紙の上のほうに、折り紙を貼ります。

2. 立体物を貼る
色画用紙に木工用接着剤を塗り、その上に綿を置くようにして貼ります。

3. クレヨンで描く
クレヨンで月見団子や人などを描きます。

4歳児

POINT
月の高さが感じられるよう、縦長の紙を用います。折り紙は、上部に貼るよう声をかけましょう。

3・4歳児

毛糸を貼る

材料 色画用紙／毛糸（3センチ程度に切る）／輪ゴム　**道具** クレヨン／パンチ（保育者用）

4章 紙以外のコラージュ

1. 紙を用意する

保育者が色画用紙に子どもの目の位置に合わせて穴を開け、鼻の部分に切り込みを入れます。

2. 紙を貼る

色画用紙の上下を折り、色画用紙で作ったツノやキバを貼ります。

3. クレヨンで描く

色画用紙のツノに、クレヨンで模様を描きます。

4. 立体物を貼る

色画用紙の折り返した部分に、木工用接着剤を塗り、その上に毛糸を置くようにして貼ります。

5. 輪ゴムをつける

保育者が色画用紙の左右を3センチずつ裏側へ折り、パンチで穴を開けます。輪ゴムを穴に通してつけます。

5章 立体物を作る

紙を折って立たせる、紙粘土に芯を入れる、芯材や箱を組み合わせるなどして、立体的に作ります。イメージを立体的に表現することを楽しみましょう。

★ 紙を折る・丸める……128

P.130

P.131

P.132

P.132

P.133

★ 紙をもむ……134

P.136

P.137

P.138

P.139

★ 色つき粘土 …… 140

P.142　　P.143

★ 紙粘土 …… 144

P.146　　P.147　　P.148　　P.149

★ つなげる …… 150

P.152　　P.153　　P.154　　P.155

★ 回転させる …… 156

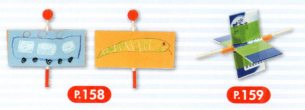

P.158　　P.159

紙を折る・丸める

技法のポイント

★ 紙を折ったり丸めたりすることで、立体表現を楽しめる
★ 折り方のくふうで、いろいろなしくみが作れる

用意するもの 紙／はさみ／丸い軸の鉛筆（色鉛筆など）

 ## 紙を折る

> **注意点**
> 紙を立てる作品の場合、厚めの紙（厚口の画用紙など）を使うほうが作りやすいです。

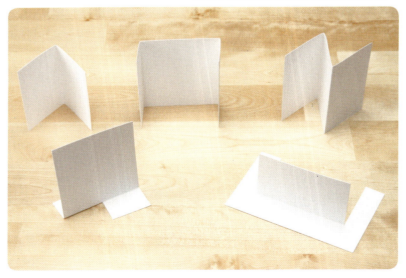

紙を折ったり、切り込みを入れてから折ったりすると、立てられます。折る方向や切り込みの位置の組み合わせで、いろいろな表現ができます。

✦ 製作のコツ ✦

● 紙には「紙の目」という繊維の流れがあり、それに沿わないと折ったり丸めたりしづらいので、事前に調べておく。

● 折って作るしくみは、ポップアップカードに応用できる。

● 巻きはじめが難しいので、鉛筆に紙の先端をテープで貼ってから巻いてもよい。

 ことばかけ例

紙を折るときに…
「紙を折ったところは、指でしっかりゴシゴシしてね」

紙を巻くときに…
「はじめはゆっくりときつく巻こうね。だんだん速くしてもいいよ」

紙の帯を丸める

注意点
紙の帯が紙の目に沿った向きでないときれいに巻けないので、事前に確認しておきましょう。

注意点
巻きつけるためのものは、できるだけ丸い軸のものを用意します。

細長い紙を丸い軸の色鉛筆などに巻きつけて丸めます。先端を指で押さえながら色鉛筆を回転させ、手前から奥へと巻きます。

紙を折る・丸める 展開例

紙に切り込みを入れ、折って立たせる

材料 画用紙　**道具** クレヨン

1. クレヨンで描く

画用紙に、中心を囲むようにクレヨンで動物などを描きます。別の画用紙に、クレヨンで人の絵を描きます。

2. 折って立たせる

動物の幅に合わせて、画用紙に切り込みを入れます。動物の下の部分を谷折りし、立たせます。

3. 折って立たせる

人の画用紙の下部分中央に切り込みを入れます。切り込みの左右を表と裏に折り、立たせます。

折って立たせるしくみは、ことばで説明をするだけでなく、保育者が見本を作って実物を見せながら伝えましょう。

紙に切り込みを入れ別の紙と合わせる

材料 色画用紙／画用紙／糸
道具 クレヨン／のり／テープ

1. クレヨンで描く
クレヨンで、色画用紙に海の中のようすを描きます。

2. 折って立たせる
色画用紙に切り込みを入れ、折って立たせます。それを画用紙に貼ります。海底にあたるところにクレヨンで描きます。

3. 糸を貼る
色画用紙を海の生き物の形に切り、クレヨンで描きます。それらの裏にテープで糸を貼ります。

4. 紙を挟む
細長く切った色画用紙に、3をテープで貼ります。2の側面に切り込みを入れて挟みます。

5歳児

5章 紙を折る・丸める

紙を折る・丸める 展開例

折ったり丸めたりした紙を貼る

5歳児

材料 段ボール（A4サイズ程度）／色画用紙／画用紙／アルミホイル（10センチ程度に切る） **道具** のり／油性ペン

1. 紙を切って折る
色画用紙を段ボールの幅に合わせて、帯状に切ります。縦に半分に折ります。

2. 紙を貼る
段ボールの周囲に、すき間なく折った紙を貼ります。

3. 紙を貼る
色画用紙や画用紙を切ります。折ったり丸めたりしたものを段ボールに貼ります。

4. ホイルを丸めて塗る
アルミホイルを丸めて、油性ペンで塗ります。

丸めた紙を貼る

材料 色画用紙
道具 ペン／のり

4・5歳児

1. 紙を切る
色画用紙を細長い形、カタツムリの体、葉の形に切ります。ペンで顔を描きます。

2. 紙を丸める
細長い色画用紙を、色鉛筆などに巻きつけて丸めます。

3. 紙を貼る
丸めた色画用紙をカタツムリの体に貼った後、葉の色画用紙に貼ります。

紙を丸める

3・4歳児

材料 厚めの画用紙（紙の目の向きに注意して帯状に切る）／色画用紙（丸く切る）／ビー玉／ガムシロップなどの容器　　**道具** ペン／テープ

5章 紙を折る・丸める

1. ペンで描く
帯状の画用紙に、ペンで模様を描きます。

2. 紙を輪にする
画用紙を輪にして、テープでとめます。

3. 容器をとめる
保育者が容器にビー玉を入れ、テープで閉じます。紙の輪の内側に容器をテープでとめます。

4. 紙を貼る
丸い色画用紙に、ペンで顔などを描き、紙の輪にテープで貼ります。

POINT

紙の目（繊維の流れ）を調べておきましょう。紙の目に沿う方向でないと、丸めづらくなります。

紙をもむ

技法のポイント

★ 紙をもむことででこぼこをつけ、半立体の表現ができる
★ 独特の質感を利用した表現が楽しめる

用意するもの クラフト紙、または模造紙／紙（台紙用）／綿／木工用接着剤

1. 紙をもむ

注意点
事前に保育者がよくもんでおいた紙を用意しておき、子どもが触ってみると製作意欲につながります。

クラフト紙や模造紙をくしゃくしゃと丸め、手でもんでしわをつけます。時間をかけてもむと、だんだん木綿のような手触りになります。

✤ 製作のコツ ✤

● 保育者がよくもんだ紙を用意し、導入で触らせると子どもの関心が高まる。

● 綿の代わりに、ティッシュや丸めた新聞紙を使用しても作れる。

● 子どもの年齢に応じて紙の面積を調整する(小さい紙から始める)。

ことばかけ例

紙をもむときに…
「ハンカチを洗うように、ゴシゴシとこすり合わせてごらん」

貼るときに…
「中身がはみ出さないように、まわりによく塗って閉じ込めよう」

5章 紙をもむ

2. <u>綿にかぶせて貼る</u>

注意点
綿をのせすぎてしまうと、紙からはみ出してうまく貼れなくなってしまいます。

注意点
木工用接着剤を紙全体に塗ると、乾燥後に固くなってしまうので周囲に塗るようにします。

もんだ紙の中心に綿をのせ、綿の周囲に木工用接着剤をつけます。台紙にかぶせるようにして貼ります。

135

紙をもむ 展開例

紙をもんで貼る

材料 画用紙
道具 のり／絵の具／筆

1. 紙をもむ
クラフト紙をよくもんでから、ちぎります。

2. 台紙に貼る
画用紙にのりを塗り、ちぎったクラフト紙を貼ります。

3. 絵の具で描く
乾いたら、絵の具でサツマイモを描きます。

POINT
よくもんだクラフト紙の質感が地面の表現にぴったりです。画用紙の下のほうに貼るよう、声をかけましょう。

4・5歳児

もんだ封筒に綿を詰める

材料 封筒（クラフト紙でできたもの）／色画用紙／リボン
道具 ペン／テープ／はさみ／洗濯ばさみ

1. 紙をもむ

クラフト紙の封筒をよくもみます。

2. 綿を詰める

封筒に綿を詰めます。封筒の口を木工用接着斉」で閉じてテープを貼り、しばらく洗濯ばさみでとめます。

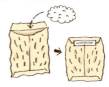

POINT

封筒に綿を詰めすぎると、口を閉じにくくなるので、フォローしましょう。

3. 紙を切り貼りする

色画用紙で耳や手足を作り、封筒に貼ります。ペンで顔を描きます。

4. リボンを結ぶ

リボンを封筒に巻いて結びます。

5章 紙をもむ

紙をもむ 展開例

紙をもんで綿にかぶせて貼る

材料 画用紙　**道具** はさみ／クレヨン／絵の具／筆

5歳児

1. 紙をもむ
クラフト紙を丸く切り、よくもみます。

2. 台紙に貼る
クラフト紙の中心に綿をのせます。綿の周囲に木工用接着剤をつけ、かぶせるようにして画用紙に貼ります。

3. クレヨンで描く
クレヨンで皿やスプーンを描きます。

4. 絵の具を塗る
絵の具でクラフト紙やクレヨンの線の中を塗ります。

POINT
絵の具を塗るとき、クラフト紙のくぼんでいる部分に色がつきづらいので、しっかり塗るように伝えましょう。

もんだ紙で新聞紙を包む

材料 クラフト紙（A4サイズ程度に切る）／新聞紙（全紙の半分）／色画用紙／毛糸　**道具** テープ／絵の具／筆／クレヨン／はさみ

1. 紙をもむ
クラフト紙をよくもみます。

2. 紙をねじる
新聞紙をねじってサツマイモの形に整え、クラフト紙の上に置きます。

3. 紙で包む
クラフト紙のふちに木工用接着剤を塗り、新聞紙を巻くようにして包みます。上下を絞ってテープでとめます。

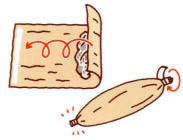

4. 絵の具を塗る
絵の具を塗ります。

5. 紙をつける
色画用紙で葉を作り、クレヨンで描きます。葉の裏に毛糸をテープで貼り、反対の端をサツマイモにテープでつけます。

5章　紙をもむ

5歳児

色つき粘土

> **技法のポイント**
> ★ 紙粘土に自由に色をつけられるので製作の幅が広がる
> ★ 粘土を練るには力が必要なので、少量ずつ取り組む

用意するもの 紙粘土／絵の具／スポンジ、または布（手洗い用：石けんで洗い流すと時間がかかるので、スポンジや布で手をこすりながら洗うとよい）

1. 紙粘土に絵の具をつける

> **注意点**
> 紙粘土が大きすぎると色が混ざりにくいので、紙粘土の量に注意しましょう。

手のひらにのる量の紙粘土を用意します。手の上に紙粘土をのせ、チューブから絵の具をそのまま紙粘土につけます。

✤ 製作のコツ ✤

● 黄→オレンジ→赤というように同系色の明るい色から順に作ると、粘土が汚れずに作りやすい。

● 保存しておく場合は、色ごとにラップフィルムでくるんでからビニール袋で密封する。

● 色つき粘土どうしを混ぜても、色の変化が楽しめる。

ことばかけ例

絵の具を混ぜるときに…
「白い粘土に絵の具を混ぜると、いろいろな色の粘土に変身するよ」

マーブル模様にするときに…
「絵の具が全部混ざる前にやめると、不思議な模様の粘土になるよ」

5章 色つき粘土

2. 紙粘土に絵の具を練り込む

注意点
マーブル模様の場合は、混ぜすぎると模様がなくなってしまうので、事前に説明しておきましょう。

指先を使ってこすり合わせるようにしながら紙粘土に絵の具を練り込みます。絵の具の色がまんべんなく混ざったらできあがり。

色つき粘土 展開例

丸めた粘土にひもを通す

材料 毛糸／ひも／竹ぐし

1. 粘土に色をつける
紙粘土に絵の具を混ぜ、色をつけます。

2. 粘土を丸める
色つき粘土を直径2センチ程度に丸めます。

3. ひもを通す
竹ぐしなどで中心に穴を開けます。毛糸やひもを穴に通し、結んで輪にします。

POINT
粘土を丸めるときは、後で竹ぐしなどを刺したときに割れないよう、大きさに注意しましょう。

3〜5歳児

粘土を貼って絵を作る

材料 段ボール **道具** 木工用接着剤

1. 粘土に色をつける
紙粘土に絵の具を混ぜ、色をつけます。

2. 粘土を伸ばす
色つき粘土を細長く伸ばしたり、丸めてから平らにつぶしたりします。

3. 粘土を貼る
段ボールに木工用接着剤で色つき粘土を貼り、絵を作ります。

ひも状の細長い粘土は、段ボールに木工用接着剤をつけた上から置き、押さえながら貼ります。

紙粘土

> ### 技法のポイント
> ★ ちぎったり、丸めたり、伸ばしたりして粘土の感触を楽しむ
> ★ 形を自由にかえられるので、イメージを立体的に表現できる

用意するもの 紙粘土／芯にするもの（つまようじ、綿棒、割りばしなど）／埋め込むもの（ビー玉、どんぐりなど）／木工用接着剤／スポンジ、または布

 ## 粘土にものを埋め込む

注意点
木工用接着剤を使わずにくっつけると、乾燥後に外れてしまいます。

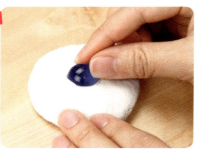

注意点
ビー玉など重さのあるものの場合は、ずり落ちてこないように木工用接着剤をたっぷりつけましょう。

ビー玉や木の実、ボタンなどを組み合わせるときは、木工用接着剤をつけてから紙粘土に埋め込みます。

✤ 製作のコツ ✤

● 紙粘土は乾燥すると縮むので、作品は大きめに作る。

● 粘土どうしをくっつけるときも、水分が蒸発すると外れるので木工用接着剤を使う。

● カラフルなものを作りたいときは、紙粘土に絵の具を塗る以外に、色つき粘土でも作れる。

ことばかけ例

形を作るときに…
「上のものを支えられるように、下のものをどっしり太く作ろうね」

ものを埋め込むときに…
「粘土が乾いたら取れてきちゃうから木工用接着剤をつけて埋めようね」

5章 紙粘土

粘土に芯を入れる

注意点
プラスチック容器やビンには紙粘土がつきにくいので、麻ひもで紙粘土をつきやすくします。

細長い作品のときは、綿棒や割りばしなど芯になるものを入れると安定します。プラスチック容器などを土台にするときは、両面テープを貼った上から麻ひもを巻きます。

紙粘土 展開例

色つき粘土にものを埋め込む

材料 ビーズ／ビー玉／木の実
道具 絵の具／かご／タオル

3～5歳児

1. 粘土に色をつける
紙粘土に絵の具を混ぜ、色をつけます。

2. 粘土を丸める
色つき粘土を丸めてから平らにつぶします。

3. 模様をつける
違う色の粘土を組み合わせる、かごに押しつけて模様をつける、タオルで押して質感を出すなどします。

4. ものを埋め込む
ビーズなどに木工用接着剤をつけ、色つき粘土に埋め込みます。

紙粘土のパーツを合体させる

材料 綿棒／モール（短く切る）　**道具** 絵の具／筆

1. パーツを作る
紙粘土で足や体、頭などのパーツを作ります。

2. つなぎ合わせる
足に綿棒を差し込んで芯にし、体とつなぎ合わせます。木工用接着剤をつけながら顔や耳などのパーツをくっつけます。

3. モールをつける
モールの先端に木工用接着剤をつけ、顔に押し込みます。

4. 絵の具で塗る
絵の具で紙粘土を塗ります。

5章 紙粘土

紙粘土展開例

粘土に紙を貼る

材料 フェルト・エアパッキン・色画用紙・画用紙（適当なサイズに切り、ネタごとに分ける）／折り紙／発泡トレー／バラン　**道具** クレヨン／油性ペン

4・5歳児

1. 粘土に紙を貼る

にぎり：紙粘土を俵形に丸め、フェルトやクレヨンで描いた画用紙などを木工用接着剤で貼ります。

2. 紙に粘土を貼る

巻き物：折り紙に木工用接着剤を薄く塗り広げ、薄く伸ばした紙粘土を貼ります。

3. 粘土を巻く

紙粘土に木工用接着剤を塗り、端にねじった色画用紙を置いて巻きます。

4. 紙で粘土を巻く

軍艦巻き：俵形に丸めた紙粘土の側面に木工用接着剤を塗り、折り紙を巻いて貼ります。エアパッキンを油性ペンで塗り、紙粘土の上に貼ります。

紙粘土に芯を入れて形を作る

材料 割りばし／つまようじ／色画用紙／段ボール
道具 絵の具

1. 粘土に色をつける
紙粘土に絵の具を混ぜ、色をつけます。

2. パーツを作る
色つき粘土で幹と枝を作ります。

3. 芯を入れる
幹の中心に割りばしを差し込んで芯にし、根元が太くなるようにします。枝につまようじを差し込んで芯にし、幹から外れないようにします。

4. 紙を貼る
色画用紙をちぎった葉を木工用接着剤で貼り、幹の根元を段ボールの台紙に貼ります。

つなげる

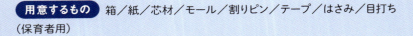

技法のポイント

★ つなぎ方のくふうで、動かせるものが作れる
★ 立体物を組み合わせることで製作の幅が広がる

用意するもの　箱／紙／芯材／モール／割りピン／テープ／はさみ／目打ち
（保育者用）

つなぎ目にテープを貼る

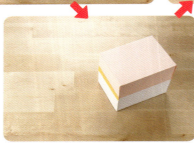

注意点
箱どうしの向きやテープを貼る位置に気をつけるよう、声をかけましょう。

箱を2点並べてつなぎ目にテープを貼ります。次に箱を重ねて側面のつなぎ目（最初のテープの裏側）にテープを貼ると、箱を動かせるしくみが作れます。

✤ 製作のコツ ✤

● どういうふうに動くのか実物を見せながら説明するとわかりやすい。

● 芯に切り込みを入れるときは、切る方向や切り込みの幅など注意するポイントを伝えておく。

● ふだんから箱や芯材などのリサイクル素材を集めておく。

 ことばかけ例

箱どうしを貼るときに…
「どっち側に貼るのか、よく見てから貼ってみようね」

芯に切り込みを入れるときに…
「はさみで1回パッチン！できたら反対にもう1回パッチン」

モールでとめる

注意点

丸めたモールが抜けてしまうときは、モールの先端にテープを貼って（紙には貼らない）もよいでしょう（153ページ参照）。

つなぐものに保育者が目打ちで穴を開けてモールを通します。表裏それぞれでモールをねじって丸め、穴からモールが抜けないようにします。

つなげる 展開例

牛乳パックをつなぐ

材料 牛乳パック1.5個（車体用は口を閉じ、荷台用は切る）／折り紙（窓やタイヤの形に切る）
道具 木工用接着剤／油性ペン

4・5歳児

1. 土台を用意する

保育者が図のように荷台用の牛乳パックを切ります。底には紙の重なった部分があり、切りづらいので避けるようにします。

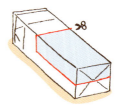

2. 紙を貼る

車体用の牛乳パックに、窓やタイヤの折り紙を木工用接着剤で貼ります。ペンで人を描きます。

3. つなげる

貼る場所と向きに気をつけながら、牛乳パックをテープでつなぎます。

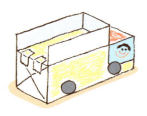

4. 油性ペンで描く

トラック全体に、油性ペンで模様を描きます。

発泡トレーをつなぐ

5歳児

5章 つなげる

材料 発泡トレー／モール（10センチ程度に切る） **道具** 油性ペン

1. トレーを切る

トレーを切り、パーツを作ります。

2. つなげる

重ねたトレーにモールを刺し、両側を丸めてこぶを作り、抜けないようにします。

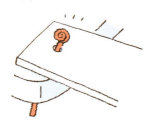

3. 油性ペンで描く

油性ペンでトレーに顔や模様を描きます。

モールがまとめにくく抜けてしまう場合は、旗のようにテープをつけると、モールが抜けにくくなります。

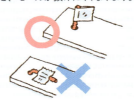

つなげる 展開例

紙を割りピンで とめる

4・5歳児

材料 厚紙（台形に切る）／割りピン　**道具** ペン

1. ペンで描く
台形の厚紙に、ペンで模様を描きます。

2. 穴を開ける
保育者が厚紙の根元に目打ちで穴を開けます。

3. つなげる
穴に割りピンを通してとめます。

4. 切り込みを入れる
下から3枚の右上部分に、斜めに切り込みを入れ、引っかけてとめられるようにします。

つなぐものに目打ちで穴を開けて割りピンを通します。裏返して割りピンの先を広げ、穴から抜けないようにします。

芯材をつなげる

材料 トイレットペーパー芯／色画用紙
道具 のり／クレヨン

5章 つなげる

1. つなげる

トイレットペーパー芯に切り込みを入れ、別の芯を差し込んでつなげます。

2. 紙を貼る

色画用紙で顔や足、しっぽなどを作り、クレヨンで描きます。色画用紙を芯に貼ります。

芯どうしをつなげるときは、2か所に切り込みを入れて別の芯を挟みます。つなぐ位置や大きさによって切り込みを調整しましょう。

回転させる

★ 穴に竹ぐしを通すしくみで回転できるようにする
★ 車の車輪や絵がわりなど、あそべるおもちゃのしくみに応用できる

用意するもの 紙／段ボール／ストロー／竹ぐし／テープ

 竹ぐしをストローに通す

注意点
回転させたいものに対して、ストローを十字に交差するように貼りましょう。斜めになっていると、うまく回りません。

回転させたいものの中央にストローをテープで貼り、ストローの穴に竹ぐしを通します。指ではじくと、回転します。

✤ 製作のコツ ✤

● 竹ぐしは、前もって先端を切り落としておき、扱いに十分注意する。

● うまく回らないときは、保育者が左右のバランスを確認してサポートする。

● 竹ぐしの代わりに、細いストローを太いストローに通しても作れる。

ことばかけ例

竹ぐしを通すときに…
「段ボールの横をよく見てね。穴を見つけたら竹ぐしを通すよ」

うまく回らないときに…
「竹ぐしを横にまっすぐに持って、回してみてごらん」

5章 回転させる

竹ぐしを段ボールに通す

注意点
段ボールの種類によっては、穴が小さく竹ぐしが通らないタイプもあるので事前に確認しておきます。

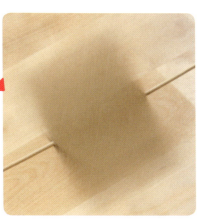

段ボールの穴に竹ぐしを通します。指ではじくと、回転します。

157

回転させる 展開例

紙に挟んだストローに通す

5歳児

材料 色画用紙（色が違うものを同じ長方形に切る）／丸シール
道具 クレヨン／ビニールテープ

1. クレヨンで描く
2枚の色画用紙に、クレヨンで絵を描きます。

2. 紙を貼る
片方の紙の裏の中央にストローをテープで貼り、もう片方の紙を輪にしたテープで反対側に貼ります。

3. 竹ぐしを通す
ストローに竹ぐしを通します。竹ぐしの上を2枚の丸シールで挟むように貼り、下をビニールテープで巻くことで抜けないようにします。

4. 回転させる
絵の端を指ではじいて回転させます。

牛乳パックに挟んだストローに通す

材料 牛乳パック（7センチ程度の輪切りにする）　**道具** ビニールテープ

1. 牛乳パックを折る

輪切りの牛乳パックの側面をへこませて中央に寄せながら十字形にします。

2. ストローをつける

牛乳パックの中央に、ストローを差し込みます。羽根が開かないよう、ビニールテープを巻いて固定します。

3. 竹ぐしを通す

ストローに竹ぐしを通します。

4. 回転させる

竹ぐしの両側を持ち、羽根の端に水を当てて回転させます。

5歳児

5章 回転させる

<著者>
くまがいゆか
1990年武蔵野美術大学油絵科卒。以後、絵画・造形教室の講師として幼児・小学生を指導。保育者向け雑誌・書籍などで絵画や行事製作の提案・制作に携わるほか、幼児の美術指導について研修会の講師を務めるなど、多岐にわたって活躍中。著書に『U-CANの製作・造形なんでも大百科』ほか。

カバーデザイン	▶	安楽 豊
カバーイラスト	▶	三角亜紀子
本文デザイン	▶	有限会社ハートウッドカンパニー
本文DTP	▶	有限会社ゼスト
本文イラスト	▶	いとうみき、鹿渡いづみ、中小路ムツヨ、三角亜紀子
写真撮影	▶	林均
編集協力	▶	株式会社スリーシーズン
企画編集	▶	池田朱実（株式会社ユーキャン）

正誤等の情報につきましては『生涯学習のユーキャン』ホームページ内、「法改正・追録情報」コーナーでご覧いただけます。
http://www.u-can.co.jp/book

本書の全部または一部を無断で複写複製（コピー）することは、著作権法上の例外を除き、禁じられています。

U-CANの保育スマイルBOOKS
U-CANの製作・造形ミニ百科

2017年12月22日 初版 第1刷発行

著 者　くまがいゆか

編 者　ユーキャン学び出版
　　　　スマイル保育研究会

発行者　品川泰一

発行所　株式会社ユーキャン　学び出版
　　　　〒169-0075
　　　　東京都新宿区高田馬場1-30-4
　　　　Tel.03-3200-0201

発売元　株式会社自由国民社
　　　　〒171-0033
　　　　東京都豊島区高田3-10-11
　　　　Tel.03-6233-0781（営業部）

印刷・製本　望月印刷株式会社

※落丁・乱丁その他不良の品がありましたらお取り替えいたします。お買い求めの書店か自由国民社営業部（Tel.03-6233-0781）へお申し出ください。

©Yuka Kumagai 2017 Printed in Japan